读客 三个圈经典社科文库

本本都有专家伴读，伴你啃透社科名著！

Il Principe

君主论
专家伴读版

［意］尼科洛·马基雅维利　著
　　　　王凤丽　译

读客三个圈经典社科文库
本本都有专家伴读，伴你啃透社科名著！

海南出版社
·海口·

图书在版编目（CIP）数据

君主论：专家伴读版 /（意）尼科洛·马基雅维利著；王凤丽译. -- 海口：海南出版社，2024.4
（读客三个圈经典社科文库）
书名原文：Il Principe
ISBN 978-7-5730-1583-9

Ⅰ. ①君… Ⅱ. ①尼… ②王… Ⅲ. ①君主制 - 研究 Ⅳ. ①D033.2

中国国家版本馆CIP数据核字(2024)第071847号

君主论——专家伴读版
JUNZHULUN——ZHUANJIA BANDU BAN

作 者	［意］尼科洛·马基雅维利
译 者	王凤丽
责任编辑	徐雁晖　项楠　胡守景
特约编辑	阮思懿
封面设计	余展鹏
印刷装订	三河市中晟雅豪印务有限公司
策 划	读客文化
版 权	读客文化
出版发行	海南出版社
地 址	海口市金盘开发区建设三横路2号
邮 编	570216
编辑电话	0898-66822026
网 址	http://www.hncbs.cn
开 本	880毫米×1230毫米 1/32
印 张	6.75
字 数	114千
版 次	2024年4月第1版
印 次	2024年4月第1次印刷
书 号	ISBN 978-7-5730-1583-9
定 价	39.90元

如有印刷、装订质量问题，请致电010-87681002（免费更换，邮寄到付）
版权所有，侵权必究

在道德和现实面前，人们应该如何行动？

陈华文　任剑涛

从表面上看来，阅读马基雅维利的著作并没有太大困难，尤其是他的《君主论》。对现代世界的人们来说，其中的权术和谋略，确实不乏邪恶和狰狞的意味，却又很难说令人感到陌生或讶异。这种感受有多平静，马基雅维利与古今之变的关联就有多深刻。这并不是说，古代世界就没有现实主义或政治权术，当然更不能说现代世界满是邪恶。善恶之事，超越古今。古希腊思想家也提及甚至建言推行暴君之道，现代也不乏各种道德规范。那为何人们总是一边将《君主论》视为惊世骇俗之作，一边又将其推崇为人类走向现代的开端呢？恐怕这与马基雅维利的直言不讳有莫大关联。邪恶行动并非现代独有，只是古人的哲学叙述自带着超越现实的眼界，习惯于从理念的善出发指导人应该如何生活，并认为这才是政治与道德的真谛。暴君之道固然存在，但它终归不是好的，即便行之有效，也不能光明正大地做，只能偷偷摸摸。也就是说，它只是治国经纶之道的阴暗面。马基雅维利却像《皇帝的新衣》里的小孩，犀利地指出这被深深压抑的现实权术才是政治家行动的本质。这种直言不讳将关于政治的思考进一步转向人类自身的经验和现实。他从人类的缺陷出发，来考虑政治秩序的建立。权术和谋略（即便是邪恶的）是治国经纶之道本身所包含的内容。政治因为被赋予了新的含义而有了自身独立的原则，脱离了道德和宗教的约束。对此，他甚至天真地宣称自己创造了新秩序，发现了"新大陆"，在其大部分著作里都觉得自己为人类行动提供了新的认知范式，从而有一种"我不入地狱，谁入地狱"的骄傲。非道德的政治观念以一种直白的方式向世人敞开，却也有如一把利刃插在了西方文明的躯体上。如此一来，政治与道德的关系变得更加暧昧不清，而马基雅维利的学说也随着后世政治行动者的不同实践和思想家的反复阐释，逐渐变成了一个谜题。

一、马基雅维利谜题：邪恶还是良心？

最老派或影响最为深远的一种解读认为马基雅维利是在教人作恶。他被认为是专制与暴政的邪恶导师，《君主论》被称为"恶棍手册"，在16世纪后期甚至一度成为禁书。书中确实有大量的"邪恶"主张：审慎的人应慷他人之慨，若是涉及自己的财产，则宁愿承受吝啬之名；君主必须懂得如何善用野兽之道，当遵守信义反而对自己不利的时候，英明的统治者决不能够，也不应该遵守信义；施恩应细水长流，而伤害则应干脆利落……无论古人还是今人，几乎没有人会怀疑这里的"邪恶性"。马基雅维利在书里甚至还细致地讨论了如何通过邪恶而卑鄙的方式获得统治地位，他对阴谋的论述是《君主论》全书篇幅最长的一章。"邪恶"毫无疑问是《君主论》中最引人瞩目的要素，也是马基雅维利备受訾议的主要原因。这本书即便到今天都被认为是一部不体面的著作。不过，也正是因为他对"邪恶"问题入木三分的刻画，有些思想家觉得这里大有文章。比如，斯宾诺莎和卢梭都认为马基雅维利是正直的人。在《政治论》里，斯宾诺莎认为马基雅维利其实是在警示人们：由于暴君执政无法避免，那些想铲除暴君的做法是不明智的；民众要注意不要完全将自己的身家性命委托给个人。在《社会契约论》里，卢梭认为马基雅维利为了依附美第奇家族，而不得不隐藏起自己对自由的热爱，但《君主论》实际上是写给人民而非君主的著作。黑格尔则认为这部著作是一部极为壮观而真实的思想杰作。可以说，马基雅维利学说一直以来就备受争议，20世纪各家各派的解读加剧了这种状况。

马基雅维利的学说如今被泛化为玩弄权术、奸诈狡猾、不择手段、口蜜腹剑等，甚至超出了政治领域。他的大名盛行于商业领域，本人被奉为厚黑学大师，人们在讨论办公室政治时，也往往以他为导师。这种现象正提示我们，伪善、残忍和欺骗是一种普遍的现象。在工业化和商业化的现代世界里，即便人们没有经历过民族国家浴血而生的16世纪，也仍然与马基雅维利有着很多共鸣。道德滑坡、精致利己主义、物质主义泛滥随处可见。随着目的论的瓦解，或者说人们不需要在哲学层面考虑目的是否正确，工具理性得到不断张扬，而作恶作为一种有效的手段自然也被纳入考虑的范围。如何面对和理解邪恶，是任何一个时代都无法回避的问题。声名狼藉的马基雅维利直面人性的脆弱与阴暗，力图揭示这与人类构建良好秩序之间的密切关系。这就是当下重新阅读《君主论》的意义和价值。

因此，没有任何限制地将马基雅维利庸俗化，或者完全将注意力集中在他教人如何作恶的技巧上，是对马基雅维利的重大误读。毫无疑问，《君主论》各章节充满了对获取和维持权力的技巧性讨论，甚至细致到追溯切萨雷·博尔贾的主要行动，分析他如何诉诸各种诡计来维持自己的权势。这种观点只看到马基雅维利对技艺的强调，讲究谋略策划，忽视了其背后更深层次的"必然性"理论，也没有考虑到马基雅维利在《君主论》及其他著作（尤其是《李维史论》）中对目的（即共和自由）的讨论。因此，如果仅限于作恶手段本身的精妙性，对理解《君主论》的真正思想就没有任何帮助。首先，将目光过于集中在《君主论》的这一特征，是对马基雅维利全部著作的一种误解。虽然我们一再强调这的确是《君主论》最明显的特征，但《君主论》中不只有这些非道德性的要素。而且，马基雅维利的《李维史论》对共和自由等价值的主张足以说明单纯强调作恶来理解马基雅维利的片面性。再者，这种解读很容易变成形式上的道德批判，无法深入"邪恶"与政治世界乃至人类根本处境的内在关联中去，因而无助于恰当理解马基雅维利通过揭橥人类世界中的现实所发现的新秩序，也更不可能探讨人应该如何生活的深层问题。

除了马基雅维利学说的庸俗化（将其学说定义为邪恶技艺），还存在对马基雅维利的污名化（将一切邪恶观念归于马基雅维利）。事实上，"为了目的不择手段"与其说是马基雅维利的主张，毋宁说是一种由马基雅维利引起的思潮——马基雅维利主义，这大体上是一种不受道德约束的行动观念。马基雅维利本人是否属于"马基雅维利主义"倒也是学界经常争论的问题。不同于泛化的马基雅维利主义，思想史上对马基雅维利主义的解读主要围绕政治领域展开，而且试图以国家理性或权力政治为邪恶行动开脱。按照弗里德里希·迈内克在《马基雅维利主义》中的说法，马基雅维利主义的精神来源，就是这一声名狼藉的信条：在国家的行为中，甚至肮脏的手段也是有道理的，只要这关系到赢得或维持国家必然性的权势。这涉及政治领域中的脏手问题。因此，阅读马基雅维利的著作确实要抓住邪恶问题，但要注意避免将其学说片面定义为邪恶之道，也要避免将古今中外存在的邪恶观念或理论称为马基雅维利主义。

二、权力政治与国家理性：来自政治的约束

回到马基雅维利主义上，从权力政治到国家理性的解释，有着内在的逻辑连贯性，都涉及政治领域的纯粹性，即将任何不属于政治之物清除出去。但权力逻辑指向君主个人权势，其目的仍在于统治技艺，而国家理性却又可能朝向独

立于君主之新秩序的创建而为政治行动提供宽宥的基础。

权力政治视角下的马基雅维利主义强调，为了政治目的可以施加任何形式的手段。政治（权力）本身就是目的，这因而也将道德从政治中区分开来。政治与道德的关系也被颠倒了。在传统政治学中，道德是政治的目的；而在马基雅维利这里，政治是道德的目的。君主的德行旨在获得和维持其权势。这并不是说马基雅维利要否认道德，他并没有假装认为欺骗和虚伪等并非邪恶。只是从政治上看，行动是否具有道德性是另一个维度的问题，政治有自己独立的、超越善恶观念的规则。君主的治国术应以此为基本原则。对政治问题的思考，不需要优先考虑统治策略的道德性。简而言之，道德性在政治领域中被搁置了。马基雅维利强调的是有效真理，这也是他在《君主论》第十五章中认为自己最具革命性的发现。马基雅维利摒弃了自然法的准则，采取一种实用主义的分析方法。《君主论》第十六章到第十九章对君主德行的讨论，以及第二十章到第二十三章对君主策略性行动的讨论，都是几乎完全侧重于权力问题的实用分析。马基雅维利对君主应该如何行动的考虑，并非现代科学意义上的讨论。他认为君主应根据具体情境的要求做出相应的选择，也即适宜情境的行动才是最有效的。因此，无论是君主的品质，还是具体策略，都没有永远正确的选项。在具体情境中能够实现目的的手段就是适合的，就是应该被选择的。慷慨或节约、迅猛或谨慎、是否要建筑堡垒，都取决于情境的要求，而不是这些品质或策略本身就值得选择。这也正是人们经常认为马基雅维利的治国术更像是艺术而非科学的缘故。

正因如此，关注到马基雅维利权力政治学说的读者，很容易走向另一种误读：马基雅维利的政治世界就是充满尔虞我诈或你死我活的人间炼狱。现实主义确实是诸多马基雅维利解读中唯一可能获得共识的说法，但对现实和有效真理的关注，并不必然导致无节制的暴力和任意的斗争。《君主论》没有区分僭主和君主，却区分了两种作恶的方式：妥善地使用残暴手段和恶劣地使用暴力。这背后的差别在于必然性。马基雅维利以必然性表达了对作恶手段的一定程度上的克制。即便是君主，也不能任意作恶。《君主论》中规训君主的要素逐渐被呈现出来。就像哈维·曼斯菲尔德在《驯化君主》中所指出的，马基雅维利用人类的必然性取代了神的意志，向君主发出命令。中世纪的基督教徒或神职人员谎称他们依神的意志统治人们，而马基雅维利对这个概念的盗用，进一步将宗教从政治领域中剥离出去。通过对道德和宗教问题的双重剥离，马基雅维利试图将任何非政治性的事物排除出政治世界。君主要服从的对象不再是传统道德，也不是神的意志，而是一种政治的必然性。不过，就像以往君主受到道德或神意的约束，马基雅维利的君主则是受到政治的约束。

政治约束常被理解为权术政治，君主为了获得和维持自己的统治权势，而服从于必然性。君主为了获得或维持权力而灵活变通，即便以背后的必然性作为出发点，也仍然很难让人们宽宥其非道德行为。政治领域的脏手问题成为道德困境，本身就需要为冲突提供道德上说得过去的理由。马基雅维利的政治理论摆脱了道德，却并非完全不考虑伦理。相反，马基雅维利主义之所以能使人们站在现代的入口，恰是由于它以一种革命性的方式激发了人类对政治伦理的理解。马基雅维利在区分妥善和恶劣地使用暴力之后，仍然坚持认为即便是妥善地使用暴力，也不足以使得君主获得荣耀。这指向了某种至少配得上荣耀的行动或目的。人们通常将马基雅维利的另一本政治著作《李维史论》与《君主论》对立起来，试图通过共和政治理想与君主统治技艺的张力为马基雅维利的政治行动提供一个最高目标。不过，即便是《君主论》也不缺乏自由生活的要素。人们阅读《君主论》，过多关注的是其权术政治方面，而忽视了马基雅维利学说里更值得重视的伦理维度。单就《君主论》而言，马基雅维利对解放意大利的呼求直接将他的政治目的推向一个更加普遍的目的。这也是马基雅维利终其一生不断思考的对象——国家理性。它认为国家有一种明确的最高目的，并告诉政治家应该如何行动以维持国家的健康和力量。从政治必然性到国家必然性,政治行动者的统治技艺也就从获取和维持个人权力转为创立国家并使之长治久安。政治行动者受到两方面的约束:一方面是国家的目的,另一方面是统治背后的权力逻辑。在某些特定的情境中,为了国家而不得不作恶就成为君主必须面对的现实。善与恶因而交织在马基雅维利英雄般的君主身上。他们致力于在混乱中创建秩序并有效阻止其腐化,这就需要有强健的灵魂和肉体。至于国家或政府的形式是共和国还是君主国,是统一的意大利还是共和的佛罗伦萨,是专权主义还是民主主义,解读者在马基雅维利的著作里都可以找到一定的证据。但不管是哪一种,收束君主的力量从个人的权势开始,逐渐发展为某种特定的政治秩序。政治秩序的创建和维持对掌权者构成了限制。因此,在"臭名昭著"的《君主论》中,对于这些在他之前的古典思想家假他人之口隐秘表达的信条,马基雅维利不仅以自己的名义公开宣示,甚至欣然自得,也就很好理解了。他意识到自己所发现的新秩序何其深刻,自然也清楚这对人们传统观念的挑战何其大。

三、对抗命运：政治生活的偶然性与政治行动的可能性

那么，政治世界为何与道德的要求不一致？或者说，为何马基雅维利的政治行动者往往要背离道德呢？马基雅维利关于命运对人类行动的影响的理解或许可以回答这个问题。在马基雅维利那个时代，命运与德行的二元结构是常见的叙述框架，作家们据此表达他们对人类行动的可能性及其限制的理解。人以其能力与变化世界相斗争是那个时代的人们体会和理解政治危机的基本视角。马基雅维利对命运的使用延续了以命运女神象征不可预见性和偶然性的传统做法，暴风雨、转轮、女巫等隐喻均表述了命运对人类事务的强势统治力量。作为一种现象，人类事务与世界历史充满了不可预见性，这是在政治学说里引入命运概念的重要启示，也是理解权力关系的新钥匙。政治世界里的权力以及相关事物具有不可预测性。马基雅维利将命运的偶然性领域纳入政治世界，以说明政治世界充满各种变化，持续不断的冲突或斗争是政治生活永恒的主题。

马基雅维利作为佛罗伦萨的外交秘书，被派往欧洲各国，周旋于那些主宰意大利的强大角色之间，也就更清楚意大利当时的处境。马基雅维利在一首论命运的诗歌里，将命运女神对政治世界的统治描绘成漫长的历史画卷，各国的

辉煌和分崩离析都是她的杰作。无论是埃及国王对整个世界的征服，还是罗马帝国那高贵而神圣的伟业，无论是皇冠的归属，还是帝国的衰亡，都由命运女神支配。他在《君主论》中直陈意大利的绝境，为意大利的创伤和沉沦哀怨，吁求上帝派人将她从蛮族的残酷行为与侮辱中拯救出来；他盼望在某个伟大人物的带领下，意大利能征服命运女神，走出沉沦。因此，新君主是《君主论》的核心主题。他先提到最荣耀的典范（摩西、居鲁士、罗慕路斯、忒修斯），但最后却走向将自己手下大员切为两段、横于广场的切萨雷·博尔贾。因此他希望潜在的君主能够效仿可行的典范，找到解救意大利的药方。

不同于神学家以哲学慰藉在此岸世界中备受煎熬的心灵从而超越命运女神对人类事务的支配，也不同于古希腊哲学家转向内心沉思和追求灵魂上的高尚而主动退出命运女神的权力范围，马基雅维利要以积极的行为和强健的德行赢得与命运的这场遭遇战。这是一场政治家对抗命运女神的遭遇战。在他看来，命运女神的变化无常和强势统治并没有完全磨灭掉人类的自由意志。将命运人格化为女性也是一个比较悠久的传统，马基雅维利认为命运是一个女人，实际上也是在恢复关于人类状况的罗马式理解。不过，即便如此，他对抗命运这个女人的方式也仍然不同于他的罗马前辈。古罗马的命运是善意女神，人们可以凭借德行来取悦命运女神。但是马基雅维利的女巫隐喻却表明命运无法被取悦，相反，我们要以更大的威力去征服她，或者借助狐狸般的狡猾去欺骗她。这些隐喻的改造表明单纯诉诸传统德行难以在这样的政治世界有效行动。要抵抗摧城拔寨的命运洪流，征服狰狞的狂暴女神，就需要强硬的男子气概和善于变通的审慎德行。值得注意的是，马基雅维利并没有单独诉诸单一个体的德行去对抗偶然事件。他对罗马的青睐，恰在于其政治制度能够应对在政治生活中所可能发生的各种偶然性。这呼应了前文所提及的观点，也即马基雅维利并非纯粹地强调阴谋诡计的权术。《君主论》从第一章开始就在讨论政体的分类，这种普遍性的理论讨论也多少暗合他对某种理想政治秩序的期待。

四、道德的新衣：无法回避的马基雅维利

一言以蔽之，马基雅维利教诲的核心并非欺诈弄权、左右逢源、暴戾恣睢等伎俩，正如道德是另一个维度的话题，邪恶手段也是如此。政治行动者应该为一个良好的政治秩序负责任，这对他提出了有如神之意志对基督教徒一般的命

令；而这个良好的政治秩序虽然不一定指向共和（不少学者早期解读的马基雅维利思想里的民主要素），但至少是一个在某种程度上独立于统治者意志的制度或结构。这样一种不受道德约束的政治观念后来以马基雅维利主义之名席卷欧洲大陆，为500年后在西方方兴未艾的民族国家和权力政治推波助澜。政治行动摆脱了道德的制约，以国家或权力的繁荣昌盛为目的，获得了新的辩护，由此激发了蓬勃发展的马基雅维利解读。这些辩护包括但不限于政治自主性的构建、深沉的爱国主义情操（认为马基雅维利爱自己的祖国胜于自己的灵魂）、在强健行动中发现的结合英雄主义和追求文治武功之伟大成就所需要的力量、以异教徒道德对抗基督教道德而为多元主义之开端。当然，也有不少学者诉诸共和传统以揭橥其学说里的新罗马主义。无论如何，马基雅维利思想从来不乏道德要素。这些解释使马基雅维利学说变得错综复杂、扑朔迷离。只是，与其说这是因为马基雅维利，不如说是因为政治与道德之间剪不断的羁绊。

每个解读者看起来都在马基雅维利这里得到了自己对政治或道德乃至历史的理解。这或许是马基雅维利的魅力所在。人们从刻板印象进入马基雅维利，那个背负骂名而观点似乎没有引发任何争议的作家就像旅途中突然出现的大山，截断了去路而横亘于前。**人们太容易对道德抱有极高的自**

我期许，但现实性是又一座人们不得不逶迤前行的大山。人们骂骂咧咧地走进大山，艰难地攀爬，依据自己的经验创建了各种主义，翻越过后却发现又是另一座大山。来路依稀可见而去路不明。眼前所有的符号都异常熟悉，藤条枝蔓并不多，往昔的称谓都历历在目，命运、美德、君主、平民、共和、自由、民主、勇敢……但它们所要指称的却又是何其陌生，尤其是见于恶之花中的德行，一直存在却突然得以公开赞颂的冲突仿佛都有了蓬勃的生命力。似乎有人颠倒了这一切。人们感到惊愕，曾被隐匿的事物被如此直截了当地呈现出来，毫无半点遮掩；曾被高歌的事物却有如水中花，影影绰绰。观念的理想形态被卷入现实的泥淖中，不能再保持它以往的高贵和不食烟火。**现实的权力逻辑裸露出来，向世人宣告，在这人世间想支配和不想被支配是一种恒久的政治关系。**这后面满是道德与非道德的硝烟，以及由此衍生出来的饱经争论的马基雅维利主义和反马基雅维利主义。

实际上，马基雅维利主义与反马基雅维利主义共同构成了对马基雅维利的著作深入阅读的复杂图景，夯实了马基雅维利的思想史地位，但更重要的意义在于呈现出人类在政治与道德关系上的自我解读，揭橥出人类的根本处境莫不由善恶、美丑构成。若如此，或许不至于对马基雅维利误解过深。也正因如此，只要人类仍是政治的动物，仍受到道德的羁绊，那么人类就势必缠绕于政治与道德之间，马基雅维利的"邪恶"问题就不可回避。如今，我们不需要经历马基雅维利的时代，也能对其学说所涉及的根本问题有深刻的感受。就此而言，马基雅维利不只是政治学家，还是思想史上天真又淘气的哲学家——谁让他揭开了道德披在政治身上的新衣呢？

目 录

【三个圈专家导读】
在道德和现实面前，人们应该如何行动？

【三个圈专家伴读】
献词 旧瓶里的新酒⋯⋯⋯⋯⋯⋯⋯⋯⋯⋯⋯⋯⋯⋯⋯⋯⋯001

献词 尼科洛·马基雅维利敬致洛伦佐·德·美第奇殿下⋯⋯⋯003

【三个圈专家伴读】
第一部分 君主国的类型、获取方式及其典范⋯⋯⋯⋯⋯⋯⋯005

第一章 君主国的类型及获取君主国的方法⋯⋯⋯⋯⋯⋯018

第二章 论世袭君主国⋯⋯⋯⋯⋯⋯⋯⋯⋯⋯⋯⋯⋯⋯⋯020

第三章 论混合君主国⋯⋯⋯⋯⋯⋯⋯⋯⋯⋯⋯⋯⋯⋯⋯022

第四章 被亚历山大征服的大流士王国，在他死后
为什么没有背叛他的继承者⋯⋯⋯⋯⋯⋯⋯⋯⋯035

I

第五章	怎样统治被征服前生活在各自法律之下的城市或君主国	040
第六章	论依靠自己的武力和能力获得的新君主国	043
第七章	论依靠他人的武力或者由于幸运而取得的新君主国	049
第八章	论以不道德手段获得君权的人们	060
第九章	论市民的君主国	066
第十章	论衡量君主国力量的方法	072
第十一章	论教会君主国	075

【三个圈专家伴读】

第二部分	武装的先知：马基雅维利论军队和军事力量	079
第十二章	论军队的种类与雇佣军	081
第十三章	论外国援军、混合军和本国的军队	089
第十四章	论君主在军事方面的责任	095

【三个圈专家伴读】

第三部分 马基雅维利的革命性与善恶兼具的君主 ……………… 099

第十五章 论世人特别是君主受到赞扬或非议的原因 ……………… 104

第十六章 论慷慨与吝啬 ……………… 107

第十七章 论残酷与仁慈,以及受爱戴和被畏惧哪个更有利 ……… 111

第十八章 论君主的守信之道 ……………… 116

第十九章 君主应避免被蔑视和憎恨 ……………… 120

【三个圈专家伴读】

第四部分 审慎与君主的谋略 ……………… 133

第二十章 论城堡及君主日常措施是有益的还是有害的 ……………… 137

第二十一章 论君主如何自我经营以赢得尊敬 ……………… 143

第二十二章 论君主的大臣 ……………… 148

第二十三章 论怎样避开谄媚者 ……………… 150

【三个圈专家伴读】

第五部分　命运与意大利的解放　　153

第二十四章　论意大利的君主们为什么丧失了国家　　157

第二十五章　论命运如何影响人世事务及如何抗争命运　　160

第二十六章　劝谏从蛮族手中解救意大利　　165

译名对照表　　171

马基雅维利的生活与时代　　179

献词
旧瓶里的新酒

陈华文　任剑涛

　　《献词》表明《君主论》采取的是君主宝鉴式的文体，这是一种非常传统的、在文艺复兴时期较为流行的方式。这类题材通常关注君主应该如何行动或应该拥有何种品质。看起来，马基雅维利要讨论一个一般性的普遍问题。马基雅维利开篇就表明他要给君主献上最重要的东西，即他关于伟大人物应该如何行动的探索。述及伟大人物的事迹，多少需要借助历史的叙事，这也符合马基雅维利自谓的"历史学家、悲剧家和戏剧家"身份，但他实际上并不完全局限于历史或传说人物。至于他希望阅读《君主论》的当权者效仿谁，也成为一个重要而不乏趣味的问题。

　　总体而言，马基雅维利至少期望其献书对象成就伟大功业，这也与马基雅维利在《君主论》最后一章中的殷切呼吁相照应。这意味着阅读《君主论》不仅要意识到它是一本讨论一般政治问题的著作，更需要结合意大利当时的具体情境进行理解。

　　本书要呈献给美第奇家族的洛伦佐二世。美第奇家族是文艺复兴时期最重要的资助者，而从美第奇家族的第二代科西莫成为佛罗伦萨的实质统治者开始，美第奇家族执掌佛罗伦萨超过百年。第四代"豪华者"伟大的洛伦佐于1492年去世后,美第奇家族短暂失去对佛罗伦萨的控制,佛罗伦萨由此开始了共和执政时期,马基雅维利就是在这段时间进入佛罗伦萨政治领域的。1512年,美第奇家族复辟,马基雅维利涉嫌反对美第奇家族的阴谋,被捕并遭到严酷的刑讯,被释后"归隐"田园,开始了与古人对话的生活。他在与朋友的通信中表明《君主论》记录了他同古人谈话所学到的东西,竭力深入探索君主国的本质和种类,如何获取、维持乃至为何会丧失君主国。他曾想托好友将这本小册子献给朱利亚诺·德·美第奇("豪华者"洛伦佐的儿子,教皇利奥十世的弟弟,内莫尔公爵),但在朱利亚诺去世后,改献给洛伦佐二世("豪华者"洛伦佐的孙子,美第奇家族的第六代统治者)。但是,无论是朱利亚诺·德·美第奇,还是洛伦佐二世,他们都并非佛罗伦萨的君主。

因此,从结构和题材上看,《献词》使《君主论》看起来像一部传统的著作。但是,随着行文的推进,其新颖性和革命性将逐渐展露开来。

献　词

尼科洛·马基雅维利敬致洛伦佐·德·美第奇殿下

那些想博取君主恩宠的人，总会把自以为最宝贵或自以为君主最喜爱的物品呈献给他，诸如骏马、武器、金帛、宝石等配得上君主尊贵地位的饰品。

我有心向殿下呈献一片赤诚，而倾我所有，我认为最宝贵和最有价值的东西，莫过于我所掌握的关于伟大人物的知识。这些知识源于我对现代事件的长期观察和对历史事件的不断钻研。现将殚精竭虑思考之所得，编写成此薄薄书册，谨以此敬呈殿下。

虽然我自知此作品不值得您青睐，但它能让您在最短时间内了解我多年来费尽心血的所学所得，我再也找不到比这更好的敬献之礼了。考虑您一向宽仁厚德，我想您不会拒绝此书。书里没有华丽辞藻，没有恣意夸张，没有其他著述者为美化主题而常见的绨辞绘句。因为我对此作品的期待，要么无人赏誉，要么仅因其所示的真理和主题的重要性而被认可。

位卑之人敢于指摘君主的为政之道，我认为这不是狂妄自大。正如那些描绘风景的人，只有置身于平原之地，方能理解山岳之势；置身于山峰之高，才能懂平原之貌。同理，能看懂人民性质的人，应该是君主；而深刻认识君主性质的人，则在民间。

故此，恳请殿下体谅我敬献此薄礼的诚意，收下它吧！如能精读慎思此书，您将从中理解我的殷切之情：祈愿您取得命运之神和您的其他条件所预示的丰功伟业。如果某一天，殿下于巍巍之巅移目俯察低洼之处，会发现我被命运强烈而持久地恶意折磨着是多么不应该。

第一部分
君主国的类型、获取方式及其典范

陈华文　任剑涛

第一章

从形式上看，马基雅维利顺着柏拉图和亚里士多德的思路，沿袭了探索何为最佳政体这个传统政治学题材，但是他对政体的划分仅为两种：共和国和君主国。

马基雅维利开宗明义，在区分了君主国和共和国后，旋即将君主国分为世袭的和新的；而新的君主国又进一步区分为全新的和世袭君主国扩张后的；全新的君主国又根据获取方式依次分为依靠武力、命运或德行获得的（第六章至第八章）。他的分类相对粗糙，而且逐渐落定在权力的获取方式上。不过，从古典政治学的"政治制度是从公民的习惯里产生出来的"（《理想国》第八卷），到马基雅维利的政治秩序的区分来自权力的获取方式，政治秩序获得了新的解释，权力成为道德或法律的基础，国家或政治秩序由此成为一种新的领域。

马基雅维利也并非完全没有价值取向，他认为自由的国家和习惯君主统治的生活是两种不同的秩序。这两种秩序如果被理解为对立的，那么在君主统治下的生活才不是自由的。同时，他在后文论及贵族与平民的对立时，也多次提到君主应亲近平民。因此，在阅读《君主论》时，我们很难完全将马基雅维利的政治学说归于专制。他的思想里不乏民主和共和的要素。

此外，将所有国家区分为君主国与共和国，这种做法对现代世界的人们来说不会引起很大的麻烦，但是对试图区分僭主与君主的时代来说，就有抹去二者的区别而将僭主归于君主之嫌。以及本章虽然说明了何谓新君主国，但从后文看来，这并不是一个清晰的分类或定义。

至少从表面上看，统一和解放意大利是《君主论》的写作目的，但作者在本章提到新君主国时，以1500年被西班牙瓜分的那不勒斯王国为例——那不勒斯当时是意大利半岛的五个主要国家之一，于1500年被法国与西班牙瓜分，1504年法国人被驱逐，被法国瓜分的部分又并入了西班牙王国——这就使人怀疑马基雅维利写作《君主论》的用意是否完全在于意大利。后文中还会有不少地方存在类似之处，甚至还有关于为何入侵意大利会失败的讨论，似乎是在为入侵意大利支招。

马基雅维利的国家概念通常指的是个人的权势范围，并非现代意义上的非人格化的国家。他在第二章讨论世袭君主如何维持自己的权势地位时，也是如此。

第二章

马基雅维利指出世袭君主由于统治历史悠久，具备普通能力就足以维持其权势。世袭君主在马基雅维利这里被视为自然的君主。所谓自然，更多指的是因循血统或谱系而被接受，就像他在第一章里提到的一样，这样的领土上，人们习惯了君主的统治。新的君主国不一定是全新的,人们有可能早习惯了君主的统治;而习惯了君主统治的国家也不一定是世袭君主国,有可能是新的君主国。但统治世袭君主国的一定是自然上位的君主,这样的君主自然受到人民的爱戴而没有必要伤害人民。当然,自然上位的君主没有革命的必要,也就不会成为马基雅维利教诲的对象。

第三章

从本章起,马基雅维利提到新君主国,而且是以转折的方式开始的,着重强调新君主国的困难。在转向他的核心对象新君主国之前,他先讨论了混合的君主国。混合的定义并非西方古典政体理论中的阶层的混合,而是新和旧的混合,即只有一部分是新的君主国。混合君主国的问题实际上也来源于此。新的君主不可避免会得罪新的臣民。马基雅维利认为这也是自然和必然的。与第二章一样,"自然"指向不可避免或必然会发生的事情;但在本章中,"自然"还包括了获取领土的欲望。

此外,本章篇幅为全书第二长,行文提纲可大致归纳如下。

1. 维持混合君主国的困难(路易十二两次失去米兰的原因各不相同)。

2. 两种不同情况(被占领国与占领国是否属于同一地区)的具体对策。

(1) 同一地区:消灭旧统治家族,保持旧体制;

(2) 不同地区:亲征(土耳其国王对希腊的统治)、殖民、制衡(罗马人扶持弱小力量,打压强大势力)。

3.路易十二失败的具体原因：灭小国，扩大势力（教皇权威被加强），引入新势力（与西班牙国王共享），不驻节，不殖民。

罗马人和路易十二一古一今、一褒一贬。罗马人不"享受时间的恩赐"，而是以其德行获得了成功。在马基雅维利看来，罗马人的行动是审慎的，也是明智的君主应该做的。马基雅维利对罗马人的分析延续了传统的命运－德行结构。需要注意的是，虽然马基雅维利在本章着力于分析新君主的问题，但当时罗马人对希腊的统治仍处于共和时期。马基雅维利本人在《君主论》中并没有完全如其开篇所示那样，将君主统治与共和政体对立起来。路易十二占据意大利时的行动完全有悖于保有一个国家应当做的事情，他让自己陷入了不得不做的被动中。马基雅维利认为其实只要路易十二遵守上述基本规则，他要保有自己在意大利的权势并不困难。马基雅维利如此着力于分析路易十二在意大利的失败及其补救方法，自然会导致人们怀疑他的"意大利心"。但是，马基雅维利对基本规则和相应对策的讨论使其学说具有一般性意义。

第四章

马基雅维利区分了两种统治方式：君主及其臣仆的统治、君主和诸侯的统治。这实际上是行政权力集中化的两种不同方式。而从具体的问题上看，本章回应的实际问题是亚历山大去世后为何其所征服的大流士王国没有背叛其后继者。结合这两部分看，马基雅维利讨论的是行政集中程度在何种意义上影响了统治的稳定性。这仍然是对第三章中如何维系新君主国这一问题的继续，涉及创建者之后的国家如何稳定。马基雅维利在《李维史论》中讨论了伟大的创建者和公民共同维持国家的问题，而在这里则是从行政的角度来处理这个问题的。

与第三章一样，他的行文逻辑都是先从一些例子中得出一般性的规则或原因，再具体讨论某个国家的情况。土耳其的君主国采用第一种统治方式：由一位君主统治，其余人均为其臣仆；法兰西采用第二种统治方式：国王处于一群古老的拥有特权的贵族中。臣民都是拥护和爱戴其主子的。在第一种君主国中，臣民更加尊敬他们的君主；在第二种君主国中，臣民对拥有权势的贵族有着自然的爱戴。要占领前者必须依赖自己的力量，而要占领后者则可以争取这个王国里的不满者或叛乱者的支持。因此，马基雅维利认为占领第一种国家很难，但一旦征服则很容易保有它。第二种国家正好相反，占有容易却难以维持。但这也正说明依靠自己的力量成就功业虽难，却更有可能维持长久（这个问题第六章和第七章有专门论述）。大流士政府的情况与第一种相似，这就是亚历山大容易保有亚洲领土的原因。

第五章

马基雅维利讨论了在征服一个已经习惯了自由生活的国家后如何保有它。马基雅维利将自由生活和有自己的法律相提并论，这样的国家也包括君主国，而不只是共和国；而且马基雅维利明显并没有强调一定要让这个城市或国家的公民继续在自己的法律下自由生活。他提供了三个选择，第一个就是把它毁灭掉。他甚至认为最好是毁灭它，否则征服者是很难稳固占有这个国家的。他这里举的例子都是古代的、斯巴达人和罗马人都无法保有自由生活的希腊。马基雅维利在这里凸显了自由的生命力，虽然他在《君主论》中没有从价值上认为一定要建立共和国，但他以此反证了自由生活之政治秩序的重要意义。

第六章

在本章中，从混合君主国到全新君主国，马基雅维利关于"新君主"的讨论达到了第一波高潮。虽然他在前面三章也一直在讨论新君主如何获取和保有其所征服的新国家，但所讨论的君主本来就是君主，多少具有一定的统治技艺，其"新"只是相对于被征服的臣民而言的，而在本章和下一章中所讨论的君主则是从布衣转变到君主的。与前文一样，他仍然按照获取国家的方式将全新君主国区分为两种：依靠自己的能力和依靠他人或命运取得的新君主国。

随着论题的发展，马基雅维利的学说也越来越具有革命性。从作为自然君主的世袭君主，到新的混合君主（对被征服的国家而言），再到全新的君主，他们获取国家的难度在上升（保有国家的难度在下降）。新君主的行动与其说是获取国家，毋宁说是创造新的政治秩序。新君主用他认为的最好形式去塑造命运给他提供的质料。但是，创造新的秩序与制度是最困难、最不确定和最危险的事。旧制度下过得好的人都是革新者的敌人，而在新制度下可能过得好的人只是半信半疑的拥护者。人们对新事物总是怀疑的。

正是由于创造新秩序如此困难，马基雅维利在本章一开篇就表明全新的君主应该效仿最杰出的典范。他以射手为例解释审慎的人为何要效仿那些历史上最伟大和最卓越的人。明智的射手在瞄准时考虑到距离和弓力有限，因而会将自己的准星抬得比目标高一些，这样就能击中目标。典范的力量是马基雅维利的学说之所以大量涉及伟大人物的重要原因。他罗列了最荣耀的典范清单：摩西、居鲁士、罗慕路斯、忒修斯。这里面，只有居鲁士是真实地创造了政治秩序的历史人物，摩西被马基雅维利视为上帝的执行者，罗慕路斯是传说中罗马城的创造者，忒修斯是传说中雅典的创造者。在本章中，后两人的具体的行动甚少被提及，前两人才是主要的讨论对象。

创造新秩序是困难的，但越是困难越能显示其创建行动的伟大。马基雅维利认为摩西等四人所处的困境实际上是命运给他们带来的好运，唯此方能显示其行动的卓越。德行需借助命运来彰显。从马基雅维利的个人行动上来看，这也有助于鼓励他的献书对象抓住意大利的危亡之秋大显身手，而不是因为创建的困难而退缩。

在表明困难和表达鼓励之后，马基雅维利进一步亮出其学说中利刃般的现实主义：所有武装的先知都获得胜利，而没有武装的先知都失败了。权力的获取不是以道德为基础，而是以赤裸裸的武力为基础。新君主的德行不是道德德性，而是充满力量感的硬朗武力。君主偃草之风不是恳求，而是强迫。最荣耀的几位人物都拿起了武器，而没有拿起武器的萨伏那洛拉修士的新制度则转瞬即逝。

马基雅维利所推崇的典范出类拔萃，虽然他以射手为例作了解释，但是他们建立政治秩序的卓越又何以能被模仿呢？毫无疑问，普通人容易被伟大人物激发，但对于深陷各种困境的政治家而言，他们深谙获取之难，又岂会如普通人那样被激发起斗志？或是因为如此，马基雅维利在这些伟大的典范后加了一个小典范——希耶罗。

第七章

　　马基雅维利在革命性地讨论了依靠自己的德行创建新秩序的新君主后,转向了依靠他人的武力或由于幸运而取得新国家的君主。新君主效仿的对象也从荣耀的巅峰逐渐下降。在本章中占据主要位置的是切萨雷·博尔贾。他是教皇亚历山大六世的私生子,在其父成为教皇后曾被任命为主教,数年后放弃教职,于1500年被路易十二授予瓦伦蒂诺公爵。马基雅维利对博尔贾的态度其实并不十分明确。一开始,他认为博尔贾是依靠运气而跃升为君主的典范,而且他最终也随其父亲的去世而亡国。但很快,随着他对博尔贾政治行动浓墨重彩的描写(本章的篇幅与第三章差不多),其态度或者说博尔贾的政治地位也在逐渐发生变化。马基雅维利详细记述了博尔贾最初在父亲的帮助下借用法国国王的威名夺取罗马涅,但是当法国国王阻止博尔贾继续进攻托斯卡纳时,他决定不再依靠他人的武力和运气了,而是诉诸各种诡计维持自己的权势。马基雅维利在本章中不止一次认为博尔贾值得效法。第一次是博尔贾在罗马涅的行动使马基雅维利认为他既勇猛又有能力,并且懂得如何赢得或失去支持。对于博尔贾的德行,马基雅维利坚定地相信假以时日,或者说如果在亚历山大教皇去世时他没有重病,那么博尔贾就能取得巨大的权力和声望而不再依靠他人的武力和运气。第二次是在回顾完博尔贾的全部行动后,马基雅维利再次肯定了博尔贾值得那些依靠他人武力和运气取得新君主国的人效法。

　　博尔贾在罗马涅所做的并不是全新君主的创建行动,只是采用新的方法对旧制度加以革新。他授权冷酷而果断的雷米罗恢复当地政治秩序（后为了平息人民心中的怒火，将其腰斩于广场上）。从革命性和创造性上来说，博尔贾远不如第六章提到的那些最荣耀的典范。但是，马基雅维利毫不掩饰他对博尔贾的赞美。对于这样的人物，马基雅维利认为他其实还是做错了一件事，那就是误以为恩惠会使一个大人物忘却旧日的伤害，从而在选举教皇这件事上做错了选择。这条分析实际上抬升了马基雅维利自己的地位，博尔贾值得新君主效法，那么发现其行动错误的马基雅维利更应该是新君主之师。

第八章

从本章起马基雅维利主义这把利刃开始显露锋芒，这尤其体现在他对必然性之于政治行动的重要意义的阐释上。本章要讨论那些凭借自己的力量获得统治权的人，他们比博尔贾更具争议，因为他们是依靠某种邪恶而卑鄙的方式登上统治地位的，比如古代的西西里人阿加托克利斯和现代的奥利维罗托。

马基雅维利在前两种获取方法之外讨论以邪恶之道获取君权的方法，这也就意味着后者不能归于前二者。也就是说，虽然后者是依靠自己的力量，但这种力量却不能称为德行。从本章的标题称之为"不道德手段"可以看出，马基雅维利对阿加托克利斯的态度很明确：不能将他的行动归于运气或德行。不过，马基雅维利认为阿加托克利斯的邪恶行动在精神与身体上都表现出了强健的力量，而且他有着出入危殆之境的能力。因此，马基雅维利对德行的使用与传统上的德行概念完全不同：德行居然也包含在恶行中。

为了表明恶行也可以是好的，马基雅维利区别了两种作恶的方式：妥善地和恶劣地使用残暴手段。所谓妥善地使用，是出于必要。也就是说，只有作恶对自己的安全和为臣民谋利益来说是必要的时，才能够使用。这也就是那句所谓马基雅维利主义箴言的出处："为了目的不择手段。"马基雅维利在这里对作恶表达了一定程度上的克制，要求君主不能任意作恶；而且这种克制也在一定程度上体现了他对君主德行的强调：一种能够审度必要行动的能力。然后，即便如此，妥善地使用残暴手段也许会带来统治权，但不会带来荣耀。

第九章

马基雅维利学说有一个重要的区分：贵族与平民的区分。但是这不是经济上的阶层区分，而是精神气质上对立的两种欲望：要统治他人、不想被他人统治。首先，这两种欲望在本性上是前理性的，它们之间既无法通过话语或论证达成和解，也不能做到相互理解。其次，由于无法和解从而形成两种类型，或者说形成两个互相对立的派别。这就是政治的源头。再者，任何城市都存在这两种人，这意味着这两种对立具有普遍性和恒久性。因此，正如哈维·曼斯菲尔德所指出的，与君主国和共和国的区分相比较而言，贵族与平民的区分，是马基雅维利学说中更根本的对立。马基雅维利的这个区分使其发现了一种完全不同于古希腊的政治。古希腊的政治理想是为了善的生活，而马基雅维利的政治则是以对立和斗争为基础。

这个区分在城市里形成了三种不同的政治结果：君主统治、自由城市和无政府状态。这又是一种独特的描述，虽然上述两种欲望是根本，但它们并没有形成分别以贵族或平民为阶级基础的贵族制或民主制。这在很大程度上是因为贵族与平民之间的对立和斗争通常会走向君主制：无论是贵族还是平民，一旦他们发现自己在与对方的斗争中落于下风，都会诉诸君主制以保护自己的利益。君主制因而其实是贵族与平民斗争的结果，不是一团和气中由市民进行推选的制度。但同时，马基雅维利在本章开头试图将这样产生的君主与第八章中依靠恶行夺取统治权的君主区分开来。仿佛，从平民中产生的君主就不会犯下恶行。

相较于贵族的支持，马基雅维利认为依靠平民的帮助获得的君权更容易保持。也就是说，在贵族与平民之间，他建议君主亲近后者。他在文中仔细比较了平民与贵族的欲望和能力。平民数量多，得到他们的支持就意味着反对者较少；平民在政治上的欲望只是不受压迫，相较于渴望权力的贵族，君主的行动只要公平，就很容易让平民满足。平民对君主最大的伤害就是抛弃君主，而渴望统治的贵族则有可能会反对君主。因此，君主必须同平民保持友好关系。不过，单靠这里的叙述，人们并不能就此将马基雅维利看作民主主义者。无论是亲近贵族，还是亲近平民，马基雅维利都是在教君主权衡以哪个党派为基础更有利于扩大自己的权势，维持自己的稳定统治状态。这里讨论的问题实际上是行政学中统治者或领导者与民众的关系问题。

本章的最后一段提到了马基雅维利时代最核心的问题：君主权力的绝对化及君主的能力问题。马基雅维利认为较之平民政制而言，专制政制中的君主是软弱无力和危险的。专制政制中，君主要完全依靠那些官吏，而他们在危难时期要么反对君主要么拒绝服从君主，君主因而无法行使绝对的权力。失去这种绝对的权力，君主无法像太平时期那样使人民为其奔走。当然，马基雅维利给出的药方是，君主应该让平民在任何时候对国家和个人都有所求，而不只是在太平时期如此。

第十章

从标题上看，获取君主国和维持统治的方式还没有完全讨论完（第十一章讨论教会的君主国），这使得本章讨论君主国的力量问题略显突兀。但实际上，这一章延续了上一章的问题，即国家能力及其衡量。君主国的力量其实是一个君主能否屹立不倒的力量，不管是依靠自己还是借助他人的援助。本章大部分篇幅讨论的都是后者，即弱小的君主应该如何让自己屹立不倒：城墙牢固、粮草充足、不结恨于人民。当然，马基雅维利对修筑城堡的态度并不总是积极的，他在其他地方也讨论到城堡并不总是必需的。

第十一章

无论是按照马基雅维利在本书开篇时的写作计划，还是从貌似作为各种君主国获取方式结语的第十章来看，本章的出现多少出乎读者的意料。因为教会君主国并没有出现在他对君主国的划分中，而且他在第十章已经开始对前面讨论的各类君主国进行总结了。但是，本章开篇却又提到"只剩下教会君主国留待探讨了"，表述自然到仿佛前后没有任何矛盾。其实，马基雅维利确实没有打算深入探讨教会君主国。前面提到的这些国家在获取后都需要君主的德行或运气加以维持，但是教会的君主国在获取后却可以依靠古老的制度维持,这样的君主拥有国家却不需要防卫也不怕被夺取,不需要治理国家也不会遭到背弃。这样的国家由上帝创建和维护,是人类智力所不能达到的。马基雅维利认为讨论这样的国家是一种僭妄的行为。可见,他确实不打算讨论教会的君主国。

他在本章要回应的问题是罗马教会为何会取得如此之大的世俗权力。既然马基雅维利决定回答这个问题,他又认为讨论教会的君主国是冒失的行为,那么至少在他看来,这是两个不同的问题。马基雅维利没有明确说明个中区别,但从教会的世俗权力这个关键概念来看,教会的君主国理应是相对于世俗而言的精神性存在,至于这里与奥古斯丁的上帝之城是否有所联系,我们不得而知。不过,马基雅维利显然注意到从历史的层面上看,教会在主权问题上的权力变得越来越大——近代以来,教权与皇权的关系问题对近代国家的建构影响深远。因而,他在本章实际上是从历史角度梳理了教会在意大利主权问题上为何获得那么重要的影响。在法国国王查理八世入侵(1494年)前,意大利在教皇、威尼斯人、那不勒斯国王、米兰公爵和佛罗伦萨人的统治之下,各国之间的平衡以及对教皇的牵制使其世俗权力不为所重视。但是亚历山大六世壮大了博尔贾的权势,在客观上也壮大了教廷的权势;其继任者庇护三世在意大利内部攻城略池,驱逐了法国人,进一步提高了教廷的地位。他们是靠坚甲利兵壮大其权势的。马基雅维利在本章末尾提到现任教皇,实际上是期待他能够向人们传达教廷世俗化之于意大利统一的重要性。

第一章

君主国的类型及获取君主国的方法

古往今来,所有的国家和政权统治人们的形式,无非是共和国和君主国。

获取君主国的方式,可以是世袭,在这种世袭君主国里,权力由一个家族世代相承。也可以是建立新的君主国,在这种新建的君主国里,也存在两种情况:一种是全新的国家,如弗朗切斯科·斯福尔扎[1]统治的米兰公国;另一种是已有君主国对外扩张获得的新版图,比如被西班牙王国所征

---

1 1401—1466,出身于平民家庭,是一位雇佣军队长的儿子,后娶米兰公爵(菲利波·马里亚·维斯孔蒂,Filippo Maria Visconti,1392—1447)私生女为妻,并得以担任米兰雇佣军队长,1450年迫使米兰共和国最高会议拥立他为米兰公爵。维斯孔蒂家族没有男性继承者,所以他们对米兰的统治就此终结。——译者注(如无特别说明,本书注释均为译者注)

服的那不勒斯王国[1]。

　　这种新建立的君主国，要么已习惯于君主的统治，要么始终生活于自由之中；君主获取这样的国家或地区的方法，可以通过自己或雇佣军的武力[2]，也可以通过机遇[3]或能力[4]。

---

[1] 那不勒斯王国，15世纪意大利半岛的五个主要国家之一，1500年被西班牙和法国占领，1504年西班牙战胜了法国，独吞整个西西里，使那不勒斯王国成为西班牙的附属国。

[2] 最典型的例子就是前面提到的弗朗切斯科·斯福尔扎。

[3] 最典型的例子是被人称为"瓦伦蒂诺公爵"的切萨雷·博尔贾（1475或1476—1507），他是与马基雅维利同时代的人物，因为其父亲（教皇亚历山大六世）带给他的好运，而得到统治权。

[4] 能力，是指肉体上和精神上的力量，包括才能、智慧。依全书大意，此处概指君主的谋略手段、统治才能以及人格魅力，其具体含义在以后的章节中还会被提到。

第二章

论世袭君主国

本书暂不讨论共和国，我已另撰文详尽论述过了[1]。现接着前文叙述顺序，我将就君主国继续展开论述，探讨君主国应该怎样进行统治和维持。

我认为，在人们已习惯于君主及其后人统治的世袭君主国，维持政权统治会比那些新建立的君主国要容易得多。作为君主，只要不大逆不道、违背祖制，即使能力一般，只需在突发事件前能随机应变即可。所以，这样的君主只要具备普通人的能力，就可以维持统治，除非他被超出常规的强大力量篡夺统治权。但是即便如此，当篡位者遭遇祸患时，他还能重新得回王位。

---

[1] 马基雅维利的《李维史论》以古罗马共和制为本，非常详尽地对共和国进行了论述。

比如，在意大利，费拉拉公爵[1]之所以能先后于1484年抵御威尼斯人进犯、1510年抵御教皇尤利乌斯二世[2]进犯，而一直没有垮台，仅仅是因为他的家族对这块领地有悠久的统治历史。因为世袭的君主劳民伤财的动机和必要性都比较少，所以他自然会受到臣民的拥戴。除非君主罪大恶极，引发民怨，否则其臣民会顺理成章地依附他。由于君主的家族统治年代漫长并且一直世袭下来，臣民对政权更迭的记忆与原因也逐渐淡忘了，而每一次政权更迭往往会为下一次提供可能条件。

---

1 埃尔科莱一世（Ercole I d' Este，1471—1505年在位），因为食盐专卖权与威尼斯共和国及罗马教皇西克斯图斯四世［Pope Sixtus IV，1414—1484，原名弗朗切斯科·德拉·罗韦雷（Francesco della Rovere）］开战，称为"费拉拉战役"。

2 1443—1513，原名朱利亚诺·德拉·罗韦雷（Giuliano della Rovere），从1503年至1513年，他一直是天主教会的首领和教皇国的统治者。作为最有权势和影响力的教皇之一，尤利乌斯二世是文艺复兴全盛期的核心人物，留下了重要的文化和政治遗产。

第三章

论混合君主国

新君主国开始实施统治时，往往困难重重。如果该君主国并不是完全新建的，而只是部分是新的，这样的君主国可泛称为"混合君主国"。这里出现变动的根源，是所有君主国立国之初都会面临的困难：人民为了改变处境而愿意更换原有的统治者，这种心愿促使他们拿起武器反对原有统治者。但当他们真的这么做时，他们就上当受骗了。因为他们最后发现，现在的境遇还不如以前。造成这种情形的原因，是他们对原有统治者的反抗伴生着另一种更自然，甚至必然的情形，那就是新君主消耗的军费以及给新占领区带来的民生困苦，都不可避免地会使属民深受其害。

这样一来，那些受过损害的人，在你占领新的领土后，都会成为你的敌人；那些曾经助你夺取新政权的盟友，也会因为新政权没有完全满足他们所预期的需求，而转身制约你，而此时你又不能为对付他们而采取强硬手段。此外，即便你拥有强大的军队，但到了一个新占领的属地，你还是离不开当地居民的认可与支持。

正因如此，法国国王路易十二[1]在迅速攻取米兰后，又迅速丢失米兰。而且，路易十二在第一次被驱逐出米兰时，只需洛多维科[2]动用自己的军队就足够了。这是由于那些背叛了米兰并打开城门让路易十二进来的人，并没有在新主子路易十二那里得到自己原先所预期的利益，他们感觉自己被新主子利用了，因而不能忍受其统治。的确，曾经发生过叛变的地区一旦被再度占领，就不会再度轻易丧失，因为君主会借着平息叛乱的机会，毫不手软地惩罚异己势力，清除可疑分子，借机加强自己统治的薄弱环节。因此，法国国王路易十二第一次丢失米兰时，只需洛多维科公爵在边境发动兵变就足够了。但若要法国国王二度占领米兰后，再一次失掉米兰，就必须使全世界都起来反对他，且非将他的军队击溃

---

1 1462—1515，法国国王，因尝试改革司法系统、减轻税赋等，被称为"人民之父"（"The Father of the People"）。1498年，当法国国王查理八世无嗣而终后，路易十二与查理八世的遗孀布列塔尼的安妮结婚并得以继承王位。

2 洛多维科·斯福尔扎（1452—1508），米兰公爵弗朗切斯科·斯福尔扎之子。1499年，威尼斯人同法国结盟进攻米兰，洛多维科逃亡德国，第二年在米兰起义的帮助下得以光复米兰，后又被法军挫败，死于监狱。

并彻底逐出意大利不可。其中缘由，不再赘述。

然而，米兰却一再地脱离法国人的掌控。第一次的原因已经讨论过了，我们现在来找找法国国王再度被夺走米兰的原因，以便于我们分析法国国王当时该用什么办法保住米兰，并分析在当时的情况下，换作其他人可以采用什么更有效的方法守住新征服的领地。

在我看来，那些因为被占领而被合并到占领者原有疆域里的领土，一般与占领国属于同一地区，使用同一语言，或者两者居其一。如果同属一个地区，使用同样的语言，尤其是在被占领区的人民尚没有自治习惯的情况下，占领国保有这些新领土相对容易。而且，要想稳定地占有这些新领土，只需灭掉原来统治该地的王室家族即可。这是由于占领国和被占领国的人们，在日常生活中还能保留旧有传统，甚至风俗习惯也没有产生什么变化，于是人们相安无事，安然生活。正如人们在勃艮第、布列塔尼、加斯科涅和诺曼底所见到的情形，这些地方归属于法国很长时间了，尽管在语言上存有一些差异，但是这些地方的风俗习惯与法国本土相同，人民能够和睦相处。征服了这些地方的新君主，要想长久地保有它们，只需注意两个方面：一是把原来统治这些地区的贵族血统斩草除根；二是既不改变该地区固有的法律，也不改变它们原来的赋税。这样一来，时间不长，这些地区就能和占领国融为一体。

但是，如果被占领的国家与占领国在语言、风俗习惯和法规制度方面不同，那么，新君主要想长久地占据这块领土就会面临种种困难，需要非常好的运气，还要付出巨大的努力。最好、最有效的方法，就是征服者亲自前往并在那里驻守。这样做，可以使新君主国增加在这里统治的稳固性和持久性——比如土耳其国王对希腊的统治，就是这样。假如土耳其国王没有到希腊驻扎，即使他想尽一切方法，仍不能长久地占有希腊领土。这是因为，如果他驻扎在新领地，一旦新领地发生骚动，他能迅速地察觉并做出反应，从而消除它。但如果他离新领地很远，那么当新领地酿成大乱时，他才知晓，远水难救近火，到那时他往往已无法挽回局势。

除此之外，新君主居住在占领地的另一个好处，就是可使臣民免受中间层官吏的掠夺，而且属民也会因有事可以及时求助于新君主而感到满意。因此，那些想做顺民的人势必会更加爱戴新君主，而那些心怀鬼胎的人也会因新君主近在眼前而感到畏惧。至于那些想从外部进攻这个国家的人，更得非常审慎，因为君主镇守此地，想把领土直接从君主手中夺走，难度是很大的。

另外一个更好的对策，就是在新征服的领土的一两处要塞建立殖民地。这种做法是必要的，如若不然，就得在那里驻扎大量的骑兵和步兵。殖民和派兵，二者至少要居其一。君主在殖民这件事情上，不需耗费大量钱财。只需花费很少的钱，甚至不花钱，君主就可以向新领地输送殖民者，并使他们定居在那里。这样被新君主触犯利益的只是新领地的一部分人，这部分人原有的土地和房屋因殖民者到来被巧取豪夺。新君主所触犯的这部分人，生活陷入贫困并且居住分散，因此不会对新君主的统治构成威胁。同时，该领地其他人并没有遭受利益损失，新君主轻而易举就能安抚这些人。这些人因为害怕自己也成为那些被掠夺了土地和房屋的人，所以战战兢兢不敢犯上。

总之，我认为，向新领地派送殖民者这种方式无须花费太多，而且殖民者对君主国自然忠实可靠，较少忤逆犯上；与此同时，那些因遭受掠夺而受损害的人不多，并且生活贫困，居住分散，不足为害。关于这一点，应该注意的是，对于新领地的原有居民要么善待他们，要么干脆消灭他们。因为人们在遭受轻微的创伤时，往往有能力积蓄力量以进行报复，但如果遭受毁灭性创伤，就没有能力对入侵者进行报复了。因此，我们要损害一个人，就要做得彻底，不遗后患，这样才不用担心给他留下任何有可能复仇的机会。

君主如果选择向新征服的领地派驻军队而非派送殖民者，就要支付大量的军费。为了维持驻军，不得不耗费掉在新领地得到的全部收入，结果本该所得的却成了要损失的，而且还会失去更多民心。因为驻军从一地调动到另一地，整个国家都会受到损害，每一个相关的人都会不满，所有的人都将饱尝苦痛，从而一个个地走到君主的对立面。而且，军队虽然把新领地的人打败了，但那些人仍然留在自己的土地上，依然是危害新君主统治的敌人。因此，无论从哪方面考虑，派驻军队都是下策，只有殖民才是上策。

另外，如果君主所占领的新领地与本国确有不同，他应该使自己成为那些较强附属国的首领和保护者，并削弱他们中较强大的势力，还要确保跟自己势力相当的其他外国势力不会通过突发事件而占据该附属国。正如我们所知，这类事件屡见不鲜：附属国内那些不满君主统治的人，或者出于某种野心，或者由于畏惧君主，而把想取代现有君主的外国势力引了进来。埃托利亚人就是这样把罗马人引入希腊的[1]，而罗马人过去入侵的每一个国家都是当地人把他们引入的。事态发展往往如此：一旦有一个强权的外国势力进入某个地区，该地区所有的附属国由于憎恨当时统治它们的力量，都会加入这个外来强权势力的阵营。由于这些附属国迅速地和要占领该地的新君主团结一致，一个强有力的君主对那些

---

[1] 公元前2世纪，为了阻止与迦太基人结盟的马其顿国王腓力五世对希腊的野心，包括埃托利亚人在内的希腊城邦与罗马人结盟，让罗马人进入希腊。

附属国并不需要花费多大功夫，就能把它们争取到自己这边来。他只要注意不要让这些附属国拥有过大的力量和威权，不让它们拥有自己的军队，再对它们好一些，就可以轻松震慑住这些附属国中较强的部分，从而使自己成为这一地区的最高独裁者。凡在这方面处理不当的君主，往往很快就会丧失已经获得的领土，即使他尚能勉强控制这一地区，也会面临无尽的困难和麻烦。

罗马人在他们征服的那些国家里，严格遵循这些方法：他们向这些新征服地派送殖民者，与弱小的附属国交好但又不让它们实力增强；他们压制力量较为强大的附属国，不给其他任何强大的外国势力取得本地区的机会。

以希腊为例，我就能说清这个问题。罗马人与亚该亚人、埃托利亚人修好，借此使马其顿王国臣服，驱逐了安条克[1]。但是，罗马人并没有因亚该亚人和埃托利亚人有功而让他们的势力增长；腓力[2]无论怎样劝说也不能引诱罗马人把他看成朋友而不打倒他；在安条克的影响下，罗马人也没有答应在国内给他保有一席之地。在这些事情上，精明的君主

---

1 前242—前187，叙利亚国王。公元前197年他应希腊中部埃托利亚联盟的请求出兵希腊，希腊城邦请求罗马支援。公元前190年，安条克被罗马人打败。
2 腓力五世（前238—前179），马其顿国王。

就该像罗马人那样行事：不仅要考虑眼下，还应该顾虑到未来的隐患。对于所有的隐患，他们都竭尽全力准备应对。如果善于长远看问题且能防患于未然，就很容易找到应对方法；如果等到患难临头、病入膏肓，那么任何药物都将无济于事。这种情况正如医生所说的消耗热病的发展那样：在疾病的初期阶段，病症不易被诊断出来，但容易被治愈；如果疾病在初期既没被诊断出来，也没有得到及时治疗，那么，随着时间的推移，病情加重，诊断虽然变得容易，治愈却变得困难了。治理国家事务也是如此。如果能够及早预见国家存在的隐患（只有审慎的人才能觉察到），隐患则容易清除。但是如果早期没有预见隐患发生，而是任由隐患发展，直到隐患加重到昭然若揭，有目共睹，局面将难以挽回。

因此，罗马人一预见麻烦，就会立即着手补救，即便是权衡一场战争的问题。他们从来不会为了避免战争而任其发展下去，因为他们知道不应该逃避战争，拖延时间只会有利于敌人，他们从不害怕战争的到来。他们之所以愿意与腓力和安条克在希腊作战，是为了避免将来不得不在意大利作战。当时，虽然这两场战争都是可以避免的，但是罗马人并没有这样做。他们也从不喜欢我们这个时代那些聪明人时时挂在嘴边的话——"享受时间的恩赐吧"，而是享受他们自己的能力和审慎的恩赐。因为时间会把一切带到人类面前：

它可能会带来好事，同时也可能带来坏事；它可能带来坏事，同时也可能带来好事。

让我们再回到法国的问题上来，并且考察一下法国做过上述的哪件事。我要谈的是路易十二而不是查理八世[1]，因为路易十二占据意大利的时间最长，他的所作所为更易于观察。你会看到，他的所作所为，和想在一个大不相同的区域内维持统治的做法，完全背道而驰。

由于威尼斯人的野心，路易国王被引入意大利。威尼斯人想要通过法国人的干涉来取得伦巴第一半的领土。我不想非议法国国王采用的这种方法，因为他想在意大利获得一个立足之处，而他在意大利又没有盟友，不仅如此，过去查理国王的所作所为[2]使路易国王在意大利处处碰壁，于是，他不得不珍惜自己所能得到的盟友。如果路易国王没有在其他问题的处理上犯错误，他的意图很快就能实现。路易国王在占领伦巴第之后，立刻重获当年查理国王丧失殆尽的威名：热那亚投降了，佛罗伦萨人变成了他的盟友；曼图亚侯爵、

---

[1] 1470—1498，法国国王。

[2] 查理八世曾于1494年9月进攻意大利，次年占据那不勒斯王国，成为那里的主宰，后至1496年完全失败。虽以失败告终，但查理的远征是外族人入侵意大利的开始。

费拉拉公爵、本蒂沃利、福尔利伯爵夫人[1]，法恩扎、佩萨罗、里米尼、卡梅里诺、皮翁比诺的统治者，卢卡人、比萨人，以及锡耶纳人全都对他曲意逢迎，争相与他结盟。直到这时，威尼斯人才意识到他们把法国人引入的做法是多么鲁莽！他们为了得到伦巴第的两个城镇，却把意大利三分之二国土的统治权交给了法国国王。

试想，如果路易十二遵守前面列举的那些规律，牢牢维系他所有的盟友关系，并且把这种关系保持下去，那么他在意大利保持威望并非难事，因为意大利当地的势力，虽然人数众多却羸弱胆小，有的人畏惧教廷，有的人害怕威尼斯人，因此他们不得不紧紧跟随法国国王。路易十二只要能借助他们，完全可以轻而易举地遏制那些仍然强大的反对力量，使自己的统治稳如泰山。但是，路易十二在占据米兰后，却反其道而行之，竟然帮助教皇亚历山大六世占领罗马涅。他从来没有想到，他的这个举动将使他失去盟友以及原来那些投靠他的人，他就这样削弱了自己的势力。同时，教会本来就因宗教权力而拥有强大的权威，现在法国国王又

---

[1] 卡泰丽娜·斯福尔扎（Caterina Sforza，1462 或 1463—1509），出生于米兰显赫的斯福尔扎家族，是米兰公爵加莱亚佐·斯福尔扎的女儿，伊莫拉和福尔利的领主吉罗拉莫·里亚里奥的妻子。在丈夫死后，她儿子名义上是领导人，事实上权力掌握在她自己手里。

第三章　论混合君主国　031

把巨大的世俗权力送到教会头上，从而使教会权威倍增。这是路易十二错误的开端，此后他一错再错。直到后来，为了制止教皇亚历山大六世的野心，阻止他成为托斯卡纳的统治者，路易十二不得不亲自跑到意大利去。

路易十二在失去盟友、扩大教会势力之后，似乎还嫌错得不够，他一直对那不勒斯王国垂涎不已，于是和西班牙国王瓜分了这个王国。本来，意大利的主宰是他，现在他却招来另一个统治者，于是那一地区的野心家们以及那些对他的统治心怀不满的人，终于有了诉冤的新主人。路易十二原本可以在那不勒斯这个王国里扶植一个肯做自己傀儡的人来当国王，但是，他偏偏赶走肯向自己纳贡的人，引狼入室地招来一个能把自己赶走的人。

一个君主想获取领土，本是人之常情。在君主力所能及并轻车熟路地开辟新领地时，世人多会送来赞扬而不是责难。但是，如果君主的能力有所不及，却想尽一切办法硬要这么干，那么，这种愚蠢也会受到质疑。因此，如果法国能够凭借自己的武力占领那不勒斯王国的话，它就应该自己单干。如果它没有这个能力，也不该与西班牙共同瓜分。当初法国人能与威尼斯人瓜分伦巴第，是因为法国想借威尼斯人在意大利找一个插足之地。如果说这是正确的做法，那么后来他与西班牙人瓜分那不勒斯，就应该受到非难，因为这一次瓜分并不像前一次那样非做不可。

因此，法国国王路易十二犯了五个错误：吞并弱小国家，增加意大利内部的一个强权的势力，把另一个强权势力带进意大利，没有在那里镇守，没有向那里派送殖民者。

路易十二所犯的这些错误，尚不足以在他在世时损害到他的威望，但是，他却犯下了第六个错误：剥夺威尼斯人的统治权。因为如果他不曾扩展教会的力量，不曾把西班牙人引入意大利的话，那么威尼斯人臣服于他是理所当然和势所必然的。但是，在采取了那些行动之后，他绝不应该允许威尼斯灭亡，因为如果威尼斯人保持强势，他们不会让任何人打伦巴第的主意，别的国家也绝不会从法国人手中夺取伦巴第以把它全部赠送给威尼斯人，并且，也不会有哪个国家有勇气为抢夺伦巴第而同时得罪法国人和威尼斯人。

如果有人说，法国国王路易十二是为了避免战争而把罗马涅交给教皇亚历山大六世，把那不勒斯王国让给西班牙，那么对于这种说法，我的观点是，人们绝不应当为了避免战争而犯下大错，因为战争不是这样就可以避免的，一味拖延只会将自己置于不利之地。如果还有人宣称法国国王向教皇承诺他将援助教皇的事业，交换条件是教皇同意解除自己的婚约[1]，以及让鲁昂担任枢机主教，那么关于这个观点，我将在下文论述君主的信义以及君主应该如何守信时讨论。

法国国王路易十二之所以丧失伦巴第，其原因在于，对那些占领一个国家并使之维持的所有条件，他一条也没有遵守。他这样做不算稀奇，不过是理所当然和势所必需的。当瓦伦蒂诺占领罗马涅的时候，我在南特时曾经和鲁昂枢机主教谈起这些事情。当时鲁昂枢机主教对我说，意大利人不懂战争。我回答他，法国人不懂政治，因为如果法国人懂政治，就不会允许教会势力如此扩张。实践表明，法国人一手造成教廷和西班牙在意大利的强大势力，法国统治的崩溃也是自己促成的。由此，我们可以得出一条亘古不变的道理：谁助别人强大，谁就是自取灭亡。如果一个人使用心机或武力使别人强大，那么那个因之变得强大的人，就会对这个人的心机和武力非常忌惮。

---

[1] 路易十二想和其妻珍妮（Jeanne，路易十一之女、查理八世的妹妹）离婚，又在1499年迎娶了布列塔尼的安妮（查理八世的遗孀），从而取得了布列塔尼公国的统治权。

第四章

被亚历山大征服的大流士王国，在他死后为什么没有背叛他的继承者

在研究保有一个新征服的国家将遭遇哪些困难时，人们可能会奇怪：亚历山大大帝[1]短短几年就成为亚洲的统治者，并在他的霸业尚未最终完成时就死了，从情理上看，整个帝国似乎应该会发生叛乱，然而，他的继承者们却能继续

---

[1] 前356—前323，腓力二世之子，是历史上第一位征服亚欧大陆的帝王。"亚历山大"的本意是"人类的守护者"。亚历山大自幼聪颖过人，曾受教于亚里士多德，稍长即被授予首府总督之职，并以平定山贼有功而被任命为马其顿大军统帅，随父平定希腊城邦之乱。公元前336年，腓力二世遇刺，亚历山大继任王位并继承其父遗志，率领希腊联军进攻并征服整个波斯。他是历史上最残酷也最疯狂的征服者，虽然他只活了30多年，但他融合了东西文化，鼓励民族间通婚，并倡导民族间地位平等，将希腊思想律法散布各地，他建立的帝国影响了整个人类历史文明的进程。

维持统治，除了因他们自己的野心而祸起萧墙[1]，他们并没有遇到别的困难。

对此，我的观点是，君主权的代际继承通过以下两种不同的方法进行：一种是由一个君主和一群忠心的臣仆统治，后者承蒙君主的恩宠和钦许，作为大臣辅助君主统治王国；另外一种是由一个君主和众多诸侯统治，后者的地位通过古老的世袭关系而非君主的赏赐所获。这些诸侯拥有他们自己的国家和臣民，这些臣民把诸侯视为主子并天然地拥护他们。在那些由一个君主和其臣仆统治的国家中，臣民对君主的尊敬更甚，因为人们认为举国再也没有谁比君主更为至尊了。如果说人们也能臣服于君主之外的其他任何人，那么他们不过是把这个人看成君主的臣子和官方代表，并不会给予这个人特殊的爱戴。

在我们这个时代，土耳其国王和法国国王就是这两种不同政体的例子。整个土耳其王国是由一个国王统治的，其他人都是他的臣仆。土耳其国王把他的王国划分为若干个行政区，并派遣各种行政官员到那里任职，国王可以随心所欲地调遣和撤换他们。但是，法国国王却置身于林立的传统贵族诸侯中，这些贵族诸侯受到他们自己臣民的承认和爱戴，

---

[1] 亚历山大大帝死后，他的继承者们为瓜分帝国，争夺统治权，时常发生内讧并导致国家陷入动乱。

他们还拥有各自的特权。国王除非冒险行事,否则无法剥夺他们的特权。因此,任何人考量这两种国家后就会知道,占领土耳其国王的国家非常困难,但是国家一旦被占领,新君主要想保有这块领地却很容易。夺取土耳其国王的国家之所以困难,还在于国王的王侯们不可能会向入侵者发出邀请,作为国王的奴仆和子民,也不会因其贪腐而令外来势力从中渔利。个中原因,前面已经提过,臣仆们全是君主忠实的奴隶和奴仆,要想收买他们着实不易;即便收买了这些人,也不大可能从这些人那里得到多大好处,因为他们并没有能力引导全国人民也跟从他们。因此,任何想侵犯土耳其王国的人都必须意识到,他要面对的是一个紧密团结的国家,若侵犯这样的国家,他只能依靠自己的力量而不是依靠他人的叛乱。不过,如果土耳其国王一旦被打败,在战场上一败涂地再不能重整旗鼓,那么,征服者除了国王的家族,就没有什么值得顾虑的反对力量了。因为君主家族被铲除后,其他力量在人民那里并无威信。并且,由于征服者在取得胜利前并没有依靠他们,所以在取得胜利之后也不需要忌惮他们。

在那些以法国模式统治的国家里,情况刚好相反。你能轻易地把这个王国的某些公侯争取过来,也很容易攻取这个国家,因为在这样的国家里总存在一些不满分子希望国家有所变革。由于上述的原因,这些人会为你打开入侵之门,使你轻而易举地取得胜利。但是，如果你希望胜利后继续保有这个国家，就会遇到没完没了的麻烦。这些麻烦，既会来自那些曾经帮助过你的人，也会来自那些被你打败的人。你只铲除原来君主的家族势力是远远不够的，因为那些残余的贵族诸侯会带领人们要求进行新变革，而且，由于你既不能满足他们，又无法把他们全部铲除，因此，一旦给他们时机，你就会失去这个国家的统治权。

现在，如果你考察一下大流士政府的性质，就会发现它与土耳其王国是相似的，因此，亚历山大大帝只需打垮大流士[1]，就能将王国从他的手中夺过来。在亚历山大大帝取得胜利之后，大流士被杀死。同样基于上述原因，亚历山大大帝能牢牢地占有这个国家。而且，假如他的继承者们团结一致，在他们王国内部没有引发骚乱，他们完全可以稳固而轻松地继续他们的统治。

---

1 大流士三世（？—前330），古代波斯帝国末代国王。他出身于阿契美尼德王族支系，那时波斯帝国内乱不断，各地诸侯（总督）心怀鬼胎。马其顿国王腓力二世死后，他年仅20岁的儿子亚历山大即位。亚历山大带领马其顿军队攻击波斯帝国，大流士三世信任的手下重臣，接连背叛他。大流士三世几乎全军覆没，率残军逃往米堤亚。亚历山大攻占巴比伦、苏萨和波斯波利斯后，紧追不舍。公元前330年，大流士三世在逃亡中被叛军首领巴克特里亚总督比苏斯所杀。亚历山大娶了大流士三世的女儿为妻。波斯帝国与马其顿王国之间的恩怨史从公元前550年开始，已持续两百多年，至此告一段落。

但是，在以法国那种模式组成的国家里，君主不可能如此风平浪静地维持统治。在罗马人治下的西班牙、法国和希腊，之所以反抗统治的叛乱频繁爆发，正是由于这些国家内部存在很多小诸侯国。只要人们还眷恋故主，罗马人就别想在占领它们之后高枕无忧地进行统治。只有当帝国的权力和旷日持久的统治冲淡了人们对故主的记忆时，罗马人才能成为稳定的统治者。后来，当罗马人开始内讧，诸侯们立即各据一方，依靠在各自的地区已经树立的权威，使得该地的人们拥护自己。又因该地从前的君主家族早已被铲除，除了罗马人，也没有其他人值得人们承认和拥护。

当考虑了这些事情以后，对于为什么亚历山大大帝能轻而易举保有亚洲帝国，没有像皮洛士[1]以及其他许多人那样不得不面对许多困难，这样的问题也就不再存在困惑，因为这并不取决于征服者能力的渺小或强大，而取决于被征服地的人们的整体需求。

---

1 前319—前272，古希腊伊庇鲁斯国王，以军事天才闻名于世，公元前279年曾打败罗马军队，侵占西西里等地，公元前275年被罗马人打败，公元前272年战死于希腊。

第五章

怎样统治被征服前
生活在各自法律之下的城市或君主国

　　如果被征服国家的人民，此前习惯生活于他们自己的法律之下并且拥有自由，那么，君主想保有统治权可以通过三种方式：一是摧毁这个国家；二是君主亲自前往那里驻居；三是允许这个国家的人民在自己原有法律下生活，同时让他们纳贡，并且在那个国家里扶持一个对君主友好的傀儡政府。因为这个政府是由君主扶持的，它知道如果没有君主的盟谊和兴趣，它是无法存在的，必然会竭尽全力拥护君主。因此，君主如果希望保有一个习惯于按自己模式自由生活的城市或君主国，借助于这个城市的市民进行统治，要比其他任何方法都容易。

　　斯巴达人和罗马人就是这样的例子。斯巴达人控制雅典和底比斯的方式，是在当地建立寡头政权，结果失去了这两个国家。而罗马人为了保有卡普阿、迦太基和努曼西亚等地，将它们摧毁拆分，就没有失去它们。罗马人本来希望像斯巴达人所做的那样来保有希腊，给予它自由并允许它有自己的法律，但是并没有成功。所以，为了占有这一地区，他们被迫摧毁了这一地区的许多城市，因为事实上，要想稳固地占有这些地方，除了毁灭它们，别无他途。对过去习惯于自由生活的城市来说，任何占领者如果只是征服它而并没有摧毁它，那么，终有一天，占领者会被这个城市所消灭。因为当这个城市发生叛乱时，它总是打着自由的旗号，以恢复传统秩序为借口，而这两者，并没有因时间流逝和得到占领者给予的实际利益而在当地人的记忆里消失。除非你能使那里的居民四分五裂并且东西离散，否则，无论你做什么，无论你怎样预防，他们都不会忘记那个名叫自由的东西和他们的传统秩序。正如比萨在被佛罗伦萨人奴役数百年之后，一旦遇到任何不测，人们还是会立即回忆起比萨旧有的自由和法律，并迅速团结一致。

但是，如果一些城市或者地区习惯于在君主统治下生活，而当君主家族已被铲除时，那么，由于这里的居民一方面已习惯臣服于君主，另一方面昔日君主家族不复存在，它们既不能团结一心地在昔日臣仆当中另举新君，又不知道如何自我管理。出于这个原因，它们的反抗往往不够及时，结果，征服国的君主可以轻松地赢得它们，并轻松地保有它们。但是在共和国里，就有一种更强的生命力、更深的仇恨和更迫切的复仇愿望，这一切永远不会允许它们忘却对昔日自由生活的记忆。因此，治理这类地区最稳妥的办法，就是摧毁它们，或者君主到那里驻居。

第六章

论依靠自己的武力和能力获得的新君主国

探讨全新君主国的时候,我援引的关于君主和国家的最有价值的事例,不会令任何人感到惊异。因为人们几乎总是在重复别人走过的路,并且仿效他人的行为,尽管他们不可能完完全全地踩着别人的脚印,也不可能通过效法别人的行为而产出同样的业绩。然而,明智的人应追随伟大的人物们走过的道路,并且效法那些最为卓越的人。如此一来,即使自己的能力不能与那些卓越人物比肩,但至少能有几分形似。明智的人行事应该像聪明的弓箭手,在计划射击一个较远的目标时,清楚地知道弓箭所要达到的确切目标,但瞄准时总是指向一个比靶心高得多的点。这样做的目的当然不是希望让自己的力量或弓箭射击高出目标,而是瞄准时非得指向一个比目标更高的点不可，只有这样才能射中自己的目标。

因此，我认为在全新的君主国，新君主要保有这个国家或多或少都会遇到困难，困难的大小因征服这个国家的人的能力大小而异。假如一个人有能力或运气，从平民地位一跃成为君主，显然这两者中的任何一者都能在某些程度上减小新君主面临的困难。但是，那些最不依靠运气得到地位的人，其统治的基础却往往最稳固。另外，当新君主没有其他的领土而不得不驻居于此时，形势会对他更为有利。

但是，谈及那些依靠自己能力而不是运气崛起并成为君主的人，我认为最出色的例子是摩西、居鲁士[1]、罗慕路斯（传说中罗马城的建立者）、忒修斯[2]以及类似的大人物们。虽然摩西只是上帝意志的执行人，我们或许不该予以讨论，但是仅仅凭借他那优秀到使其得以与上帝对话的品质，他就

---

[1] 居鲁士二世（约前600—前529），波斯帝国阿契美尼德王朝的创立者。公元前550年他领导波斯人灭亡米底王国，创建国家，后征服小亚细亚。公元前539年消灭迦勒底王国，将囚禁于巴比伦城的犹太人放回巴勒斯坦，后在与中亚细亚的游牧部落作战中被杀。他是人类历史上最为卓越的帝王之一。他是军事天才，同时治理国家又无比宽厚。他在位期间，全国太平无事，繁荣昌盛。在他死后，波斯帝国持续扩张了大约二百年，直到被亚历山大大帝征服为止。

[2] 传说中雅典王国的奠基者和国王，他统一了雅典各部，设立了一个中央机关管理共同事务，并制定了雅典的律法。

应该受到世人的仰慕。但当我们考察居鲁士以及其他那些曾经获取或者缔造了王国的人时，会发现他们都有令人钦佩之处。如果考察他们各自的事迹和作为，我们会发现，虽然摩西有上帝做先导，但这些人的事迹和作为并不亚于摩西。在考察这些人的行为和生平的时候，我们会发现，他们除了抓住了机会，并没有依赖于任何运气。机会给他们提供了物力，供他们充分利用。如果他们没有抓住这样的机会，精神的力量就会衰竭；但是，如果他们没有那样的精神力量，即使机会到来也是徒然。

因此，摩西必须找到那些在埃及并被埃及人奴役和压迫的以色列人，这些人愿意为了摆脱奴役而追随他。而罗慕路斯必须不再留在阿尔巴，而且必须在他刚出生时即被遗弃，日后他才能成为罗马的国王以及国家的奠基者。而居鲁士的成功，必须先觉察到波斯人对米堤亚人的统治不满，并且米堤亚人由于长期处于和平环境而变得安逸软弱。至于忒修斯，如果他没有发现雅典人的分崩离析，那么也无法展示出他的能力。因此，是这些机会使这些人交了好运，而他们所具有的卓越能力也使他们能够洞察到这种机会，从而利用这些机会使他们的王国变得尊贵并获取名望。

那些凭借勇武的方法成为君主的人，想要得到国家统治权困难重重，但是得到以后要保有它就容易了。夺取君主国时遇到的困难，一部分来自他们为了确保新建立国家的长治久安，不得不制定的新制度规范。这里必须记住：再也没有什么比率先实施新制度更难以把握、执行起来更危险、成功率更不确定的事了。这是因为那些适应了旧制度的人都会反对革新者，所以即使新制度顺利实施，人们调适后仍会对革新者反应冷淡，拥护不足。这种态度之所以产生，一部分是因为人们对新征服者心存畏惧，而征服者制定的新法律往往有利于他们自身的统治；一部分是因为人们天性中的怀疑心理，尤其是对新事物尚无确切的把握之前，人们是不会轻易地相信它的。因此，一旦新征服者露出被攻击的漏洞，人们就会踊跃地行动起来，而新征服者的防御往往不够完备。如此一来，这种境况中的君主置身于这样的人群中，必然危险重重。

因此，我们若想透彻地探讨这类事例，那就必须弄清楚，革新者推行新政是依靠自己，还是借助于他人。换言之，为了完成大业，他们是通过诚恳地请求人们配合，还是以武力相逼。在前一种情况下，他们往往难以成功，而且最后也解决不了任何问题。但是，如果他们推行新政是依靠自己的武力强迫人们就范，就很少会遇到危险。正因如此，所有武装的先知都取得了胜利，而没有武装的先知只能被别人消灭。除了上述原因，人们的性情也是游移不定的，要说服某个人很容易，但要使他对这个说服他的理由保持坚定不移的信仰，那就困难了。由此看来，有必要采取一定的办法，一旦他们不再相信，新君主就能借助武力来迫使其相信。

如果摩西、居鲁士、忒修斯以及罗慕路斯手无寸铁的话，他们就不能使人们长久遵从他们的制度，正如我们这个时代的吉罗拉莫·萨伏那洛拉[1]修士的境遇那样。当人民不再相信他的时候，他就无法使那些曾经深信他的人坚守对他的信任，更不能使原本不信他的人跟从他，于是他和他的新制度被毁灭了。因此，这类人实现他们的伟业会遇到巨大的困难，因为前进的道路越走越险。但如果他们凭借能力完全克服困难，他们就会开始赢得人们的尊敬，就能够继续保持力量、安全、荣耀和幸福。

除了上述重要例证，我再补充一个类似的小例子，它与那些事例有共通之处，我也认为它是代表这一类事例的典范，这就是叙拉古人（又作锡拉库扎人、锡拉库萨人）希耶罗[2]。此人能从平民跃升为叙拉古的君主，其成功除了在于抓住时机，并无多少幸运可言。因为当时叙拉古人饱受压

---

[1] 1452—1498，佛罗伦萨著名的宗教改革家。他抨击当时教会和教士的腐化堕落，主张改革和复兴宗教，并建立有效的共和政府。后来他成为圣马可修道院院长，影响着佛罗伦萨的政治。1494年，他掌握了佛罗伦萨的支配权，主持制定了1494年宪法。由于教皇亚历山大六世的反对，萨伏那洛拉的势力被骤然削弱，后来作为异端被烧死。

[2] 希耶罗二世（？—前216或前215），以暴君闻名的叙拉古的僭主。

迫，所以他们选举他做了他们的军事首领，后来他也因为战功而被拥立为王。他的能力如此卓尔不群，甚至在他还是布衣平民时就已崭露头角了，以至有人评论他时说："除了领土，他成为国王已无所不备。"他解散旧军队，组建新军队，抛开旧盟，另缔新欢。在拥有自己的军队和盟友之后，他足以在此基础上建立起任何高楼大厦。故此，虽然在夺取王国的过程中他会历经许多困难，但在他保有这个国家的时候，困难就很少了。

第七章

论依靠他人的武力或者由于幸运而取得的新君主国

那些单靠幸运而由平民崛起并成为君主的人，夺取政权成为君主的过程可能不难，但登基后要维持国家的统治却困难重重。这些人在征途中不畏困难，是因为他们渴望飞到人生顶点。当他们收拢翅膀治国时，各种难题就纷至沓来。那些依靠金钱或者他人赏赐而坐上君主位子的人也是如此。在希腊的爱奥尼亚和赫勒斯滂等诸多城邦国家中，这样的事例有很多。那些城邦国家被波斯王大流士征服后，大流士扶持了一些新君主，这些君主靠大流士的保护和荣光而保有这些城邦。还有那些通过控制军队而由平民登上帝王宝座的君主，也会在顺利发迹后，遇到治国的困难。这些君主得以上位，所依靠的是那些选举了他的人施与的好意和运气——而这两者都是最变化无常又最不稳定的因素。除非拥有卓越的才智和能力，否则他们不太懂得也做不到顺利地维持统治。我们没有理由指望那些先前过惯平民生活的人懂得发号施令。此外，他们无法保有国家统治权，还因为他们缺乏一支对自己忠心耿耿的军队。

至于突然勃兴的国家，也如自然界中其他迅速滋生长大的事物一样，没有根深蒂固、枝繁叶茂，第一场暴风雨就能摧毁它的立国基础，破坏掉它与其他国家的关系。除非像前面所说的，那些一夜之间君临天下的人确有非凡的能力，知道及时掌握幸运之神扔到他大腿上的赏赐，并且在当上君主之后奠定理政基础——这些基础对别人来说，是在成为君主之前就已奠定的。

关于依靠能力或者运气成为君主的两种情况，我想要引证两个我们记忆中还有印象的例子，就是前面提过的弗朗切斯科·斯福尔扎和切萨雷·博尔贾。弗朗切斯科凭借正当手段和卓越能力，从平民一跃成为米兰公爵。他获取领土历尽千辛万苦，但保有起来却毫不费力。切萨雷·博尔贾则是凭借父亲的好运，得到了那个位置，而在这种好运到头时，他也就失去了这个位置。尽管在这个依靠幸运或他人的武力而得到的国家里，他为了稳稳扎根，采取了各种措施，做了一个明智和有能力的人所能做的一切。

原因正如我们前面所述，由于他事先没有打好基础，在成为君主之后也许能凭借非凡的能力奠定统治基础，但没有地基的建筑对设计师来说必然是困难重重的，而且地基不牢的建筑物也是危险的。如果考察瓦伦蒂诺公爵成为君主的全过程，人们可以看到他曾为日后的权势打下了什么样的基础。这一点讨论很有必要，因为我不知道对一位新君主来说，除了这位公爵的教训，是否还有其他更精准的例子。如果公爵的作为于事无补，这并非他本人的过错，不过是运气极坏所致。

当亚历山大六世意欲扩大他的儿子瓦伦蒂诺公爵的权势之时，他遭到了许多迫在眉睫又极为特殊的困难。首先，他不知道该通过什么方法，才能使他的儿子成为教皇辖地以外的其他某个国家的君主。如果他把原本属于教皇辖地的地域割给儿子，米兰公爵和威尼斯人不会同意，因为法恩扎和里米尼这两个地方已经长久地处于威尼斯人的保护之下。除此之外，他还知道意大利的军队，尤其是那些有可能帮助他的军队，都掌握在那些不赞成教皇势力扩张的人手中，即奥尔西尼家族和科隆内西家族及其追随者们。于是，为了使自家人成为这些国家某一部分地区的主人，教皇亚历山大六世必然得打乱先前的秩序，并且使这些地区陷入混乱。他要做到这些不过举手之劳，因为他发现威尼斯人出于其他原因想把法国人再次引入意大利。对于威尼斯人的这种做法，教皇亚历山大六世不但不反对，还迎合法国国王路易十二，助其解除了从前的婚姻关系，以使法国国王更方便行事。就这样，法国国王在威尼斯人的帮助和教皇亚历山大六世的纵容下，长驱直入意大利。法国国王路易十二刚到米兰，教皇就向他借兵以攻取罗马涅。罗马涅慑于法国国王的势力，只好向教皇屈服。于是，教皇的儿子得到了罗马涅，并且打败了科隆内西家族，此后当公爵想要稳保其领地并进一步扩展势力时，他遇到两重障碍：一方面，他的军队对他不够忠诚；另一方面，法国人的意愿。也就是说，公爵既担心曾为他所用的奥尔西尼家族军队会背弃他，如果军队背弃自己，不仅无法赢得更大的胜利，这支军队还可能攫取他手中的一切；还担心法国国王也可能趁机攫取他的果实。在取得法恩扎转而进攻博洛尼亚时，他已觉察到奥尔西尼家族军队对那场战斗并不情愿。至于法国国王，当教皇本人在取得乌尔比诺公爵领地转而进攻托斯卡纳的时候，法国国王就阻止了他。那时公爵就明白法国国王的心思了，至此，公爵决定摆脱对他人的军队和幸运的依赖。

公爵首先做的，是削弱奥尔西尼家族和科隆内西家族在罗马涅的势力。他通过笼络那些原来追随这两大家族的贵族势力，使他们听命于自己的调遣，给予他们优厚的赏赐，并为满足这些贵族的虚荣按其贵族等级授予文武官职。如此不出数月，公爵就摧毁了这些贵族先前对大家族的感情。随后，他遣散了科隆内西家族的人，便等待时机消灭奥尔西尼家族。机会很快来到他身边，公爵抓住良机，遂达心愿。因为奥尔西尼家族最后关头才觉察到公爵和教会势力的扩张意味着自己的灭亡，于是他们在佩鲁贾的马焦内召集了一次会议，由此爆发了乌尔比诺的叛乱和罗马涅的骚乱。公爵虽然遭遇到无穷尽的麻烦，但由于法国人的帮助，他都一一克服。公爵恢复权威后，不愿意再因依赖法国或者是其他外力而身陷险境，于是转而耍弄花招。他深谙隐藏心意之道，先是对保罗大人[1]千方百计地大献殷勤，奉送钱财、布帛和马匹，从而得以通过保罗的斡旋，与奥尔西尼家族和解。他通过这些单纯的人，获得了西尼加利亚的统治权。公爵除掉了当地首领，并使其党羽成为自己的好友，随即又掌握了整个罗马涅和乌尔比诺公国，为自己的权势打下了很好的基础。又因为他施舍给当地人一点儿甜头，当地人也都支持他。因为值得特别注意和效仿，我不能略而不谈。

当公爵占领罗马涅后，他发现该地原来的统治者治国无力，与其说是统治属民，还不如说是劫掠属民，给属民制

---

[1] 保罗·奥尔西尼（Paolo Orsini），奥尔西尼家族的统治者，拥有强有力的军事武装。

造种种事端，使他们分崩离析而不是团结一心，以致抢劫、纷争以及种种暴力行径在全国蔓延。为使该地恢复安定并服从新君主，公爵认为这里得有一个好的统治者。因此，他提拔了冷酷而果断的雷米罗·德·奥尔科，并给予他充分的权力。果然，这个人在短时期内就通过巨大的成功而恢复了该地区的安定和统一。后来，公爵认为给予雷米罗·德·奥尔科过多的权力是不明智的，因为重用此人无疑会招来人们对自己的痛恨。于是，公爵在这个地区设立了一个审判庭，委派了一个最优秀的人出任庭长，每一个城市在这个审判庭都有自己的发言人。因为公爵知道，过去的酷政已引起人们对他的强烈不满。他要重塑他在人们心中的形象，并完全赢得他们，使其转入自己的阵营。他要向世人表明：如果过去实施暴行，那么一切残暴行为都不是他的本意，而是该地区的官员个人的残酷。借着这个幌子，公爵拿下了雷米罗。在某个清晨时分，雷米罗被斩为两截并暴尸于切塞纳的广场，他的尸体旁扔着一根刑木和一把血淋淋的刀子。人们对雷米罗的下场和那个血腥的场景既表示满意，同时又惊恐不安。

下面，我们言归正传，回到起点。现在公爵觉得自己已经相当强大，也有几分把握避免当前的危险了，因为他已经按自己的方式武装起来，并且，他身边那些有可能危害到他的势力，大都被消灭了。在他的征服之旅中，下一步要考虑的就是法国了。因为他知道，法国国王虽然对他的错误后知后觉，但也不会再支持他。因此，公爵开始寻找新的盟友。当法国在远征那不勒斯王国而对抗围攻加埃塔的西班牙人时，公爵敷衍法国，他只想保全自己的实力而免受法国之累。而这一切，如果教皇亚历山大六世在世，公爵本会迅速大功告成。

这些都是公爵应对当时境遇而采取的行动。至于将来，他忧虑重重。教皇的下一任继承人可能会对他不友好，甚至有可能夺走亚历山大六世给他的一切。因此，公爵决定采取四种应对措施：第一，将所有已被自己废黜的统治者家族彻底消灭，使新教皇无法扶植他们；第二，正如前面所言，笼络罗马所有的贵族以钳制教皇的力量；第三，使枢机主教团更加倾心于自己；第四，趁着当教皇的父亲在世，设法取得更大的统治权，以便能够依靠自己的力量抵御首轮进攻。到教皇亚历山大六世死的时候，公爵已经完成了这四件事中的三件，第四件也干得差不多了。因为那些被他废黜的统治者，除了少数漏网之鱼，能杀的他都杀掉了，他笼络了罗马所有的贵族，并且在枢机主教团里，拥有了最大数量的同党。至于新的征服目标，他想成为托斯卡纳的统治者，因为他已经占领了佩鲁贾和皮翁比诺，并且把比萨也划入自己的势力范围。由于不再需要跟法国站一边（法国已经被西班牙人从那不勒斯王国驱逐出去，这样一来，法国和西班牙都愿意向公爵买好），他可以迅速出兵占领比萨。随即，卢卡和锡耶纳会很快投降，一来出于对佛罗伦萨人的忌恨，二来出于对公爵的畏惧。如果公爵继续进攻，佛罗伦萨人也无计可施。一旦占领比萨的计划成功（他本可以在教皇亚历山大六世去世那年成功），他将取得巨大的权力和威望，他可以不必依靠幸运或他人的武力，而仅仅依靠自己的权力和能力自立。

然而，在公爵利剑出鞘的第五年，亚历山大六世去世了，他给公爵留下的国家中只有罗马涅是稳固的，其余的都还飘浮如风，夹在最强大的两种武装力量之中，公爵病重濒死。假如公爵仍然大无畏和有能力，并且能很清楚地知道如何得人心，又能在很短时间里奠定相当牢固的基础，假如他不是腹背受敌，或者在亚历山大六世死后他能有个好身体，那么所有的困难都能被克服。

从罗马涅等待他一个多月这件事上，可以看到他所奠定的基础是稳固的。在罗马，虽然公爵已奄奄一息，但他的地位仍然固若金汤。虽然巴廖尼家族的人、维泰利家族的人和奥尔西尼家族的人能进入罗马，但他们并不能干成任何能反抗公爵的事。即使公爵不能指使合乎自己心意的人当选教皇，他起码能阻止他不待见的人当选。可是，假如在教皇亚历山大六世去世之时公爵有健康的身体的话，他做这些事情就易如反掌。在尤利乌斯二世当选为新教皇的那天，公爵告诉我，他事先已经考虑到了他父亲死的时候有可能发生的一切，并且他已经找到了应对的万全之计，但他唯一没有料到的是，他父亲去世的时候，他自己也生命垂危[1]。

当我们回顾了公爵所有的行为之后，我不知道该如何谴责他，在我看来，正如我上面提到的，他的所作所为值得所有依靠运气或他人军队而获得统治权的人效法。因为他有崇高的精神和远大的志向，他注定只能这样做，除此之外别无他途。只可惜由于亚历山大教皇短命和自己命在旦夕，公爵的宏图终成一场空。因此，如果一个人认为，为了确保自己在新领地免遭伤害：要争取盟友，通过武力或者诡诈取胜而让人们对自己既爱戴又敬畏；要让军队对自己既尊敬又服从；要把那些能够或者有可能加害自己的人铲除掉；要革新旧制度，采用新规范，使其既严峻又使人感怀，既宽宏大量又慷慨大方；要摧毁有二心的军队并重建军队；要同各

---

[1] 教皇亚历山大六世任命自己的儿子切萨雷·博尔贾为"神圣教会保护人"，这位"保护人"为暗算某些政敌，曾在酒中下毒，却不料被自己和父亲亚历山大六世误饮，这导致亚历山大六世死于1503年，他自己也身患重病。

第七章　论依靠他人的武力或者由于幸运而取得的新君主国　057

国国王和君主保持友好，使他们不得不殷勤帮助自己或是诚惶诚恐地不敢开罪自己。那么，再也找不出比公爵的行为更生动鲜活的例子了。

公爵有可能受人指摘之处，唯有支持尤利乌斯二世当选教皇这件事[1]。他选错了人。因为，正如我们前面提到的那样，即使他无法使合乎自己心意的人当选教皇，他至少可以阻止一个他不喜欢的人当选教皇。他绝不应该同意选举任何一个自己曾得罪过或者是一当上教皇就会猜忌自己的枢机主教，因为人们往往会出于害怕或仇恨而伤害他人。在公爵所得罪过的人当中，有圣·皮得罗·阿德·温库拉、科隆纳、圣·乔治、阿斯卡尼奥等[2]。除了鲁昂枢机主教和西班牙人，有望成为教皇的任何其他人当上教皇势必会忌惮公爵，这是因为鲁昂主教是由于公爵的原因才享有权力，而西班牙人和公爵是盟友关系。因此，基于上述原因，公爵本来应该推选一个西班牙人当教皇，如果行不通的话，他就应该同意由鲁

---

[1] 1503年，教皇亚历山大六世去世，选出庇护三世为继承人，但他在位不到一个月即去世，遂另选出尤利乌斯二世继任。

[2] 圣·皮得罗·阿德·温库拉，枢机主教，1503年当选教皇后，称尤利乌斯二世。科隆纳，枢机主教乔万尼·科隆纳（Giovanni Colonna）。圣·乔治，枢机主教拉法埃洛·里亚里奥（Raffaello Riario）。阿斯卡尼奥，枢机主教阿斯卡尼奥·斯福尔扎（Ascanio Sforza），其父是弗朗切斯科·斯福尔扎。

昂主教当选，而不是选举圣·皮得罗·阿德·温库拉。如果有谁相信一个大人物会因为得到新恩惠而忘记旧仇恨，那真是自欺欺人的想法。因此，公爵在这件事情上选择失误，并且导致了他最终的灭亡。

第八章

论以不道德手段获得君权的人们

由平民地位而一跃成为君主,还有其他两种方法。这两种方法都不能简单归类为幸运或天赋能力之列,但我不能对这两种方法避而不谈,尽管其中一种方法,我会在讨论"共和国"时详尽论述。这两种方法:一是依靠某种不道德或邪恶手段登上君位;二是依靠同胞的支持而成为一国之君。在讨论第一种方法时,我将举两个例子来说明,一个古代的,一个当代的——我认为,能让那些想通过不道德手段获得君权的人效法这两个例子就足够了,没必要更深入地探讨这种方法。

西西里人阿加托克利斯[1],不是从平民而是从下等卑微的

---

1 前361—前289,叙拉古的僭主。

地位崛起，成为叙拉古的国王的。此人是陶工的儿子，一生坎坷，但始终生活在邪恶中。然而，与他的恶行相伴的，是他强大的身心能力。这强大的身心能力使他投身军队，军衔迅速提升，成为叙拉古的执政官。在稳固了这个位置之后，他又生出当君主的野心，打算依靠暴力而不是他人的帮助，以试图保住大家同意给他的一切。为此，他让迦太基人哈米尔卡知悉他的野心，而当时哈米尔卡正带领军队在西西里作战。一天早晨，阿加托克利斯召集叙拉古的富豪们以及元老院，装作要和他们商讨与共和国有关的事务，却对士兵发出事先约定的暗号，士兵们就杀死了所有的元老和富豪。这些人死后，市民没有发生任何骚乱，他顺利地攫取并控制了城市统治权。虽然他两次被迦太基人打败，该城市被围攻，然而不仅没守护他的城市，还带领其余兵马去进攻迦太基人统治的非洲，只留一部分人守城抵御。用围魏救赵之计，他很快就解除了叙拉古之围。而陷入困境的迦太基人为了保住非洲，不得不与阿加托克利斯达成协议，并将西西里统治权让给他。

因此，无论谁来审视阿加托克利斯的行为和能力，都会发现他的成功很少，甚至不可能归诸好运气。正如上面提及的，他的显赫地位，不是任何好心人施舍来的，而是他历尽艰险，在军队中一步步逐级提升得到的。此后，他得以继续保持这个地位，也在于他在无数困境中的风险策略。然而，屠杀同胞，出卖朋友，背信弃义，毫无恻隐之心，没有宗教信仰，都不能称为天赋，以这些方式获得君权，是不光彩的。但是，如果我们考虑阿加托克利斯出入险境的勇气，以及他忍受并战胜艰险的强大意志，便没有理由认为他比其他卓越领袖逊色。他的野蛮残忍和不人道，以及那些不计其数的恶行，并没有阻止他跻身于最负盛名的卓越人物之列。他所得到的一切，都不能归类为幸运或天赋。

在我们的时代，教皇亚历山大六世在位期间，幼年丧父、早早地成为孤儿的奥利维罗托·达·费尔莫，被名叫乔万尼·福利亚尼的舅舅抚养大。他还很年轻时，舅舅就把他送到保罗·维泰利手下当兵，希望他能经过保罗·维泰利的管教，而在军队中出人头地。保罗死后，他跟随保罗的兄弟维泰罗佐作战。由于他机智、强健、胆大，时间不长，他就成了维泰罗佐帐下的头号人物。但是，他老觉得在别人帐下服役低人一等，于是，他决定在维泰罗佐的帮助下，利用费尔莫的市民宁可接受本国奴役而不愿享受外国人给的自由的情绪，夺取费尔莫的统治权。于是，他给乔万尼·福利亚尼舅舅写了封信，说他已经离家多年，很想回去探望舅舅和故乡，并借此机会简要确认一下自己的祖产。他还说，这些年他孜孜以求所得到的不过是些头衔虚名，再没有别的东西。

为了让费尔莫的市民们知道自己这些年并没有虚度光阴，他希望由他的朋友和侍从组成一支百人骑兵队，随他荣归故里。所以，他请求乔万尼舅舅能帮助安排一下，使他在进入费尔莫城时能得到市民的迎接礼遇。他还对舅舅说，所有的这些光荣不仅仅属于他本人，也属于乔万尼舅舅，因为自己是乔万尼养育大的。

由此，乔万尼不差分毫地完成了外甥托付他的所有事宜，奥利维罗托进城时受到了市民的盛大迎接。乔万尼还让奥利维罗托住在自己家中。奥利维罗托在费尔莫城住了几天，为自己实施阴谋诡计做好了秘密的准备。圣诞节次日，他举办了一场盛大的宴会，邀请乔万尼和费尔莫城所有的重要人物出席。等到大家酒足饭饱，宴会按常规举行的助兴节目也快结束时，奥利维罗托装模作样地发表了一通重要演说，大谈教皇亚历山大六世和他的儿子切萨雷·博尔贾的伟大，称赞他们的宏图伟业。当乔万尼和费尔莫城的重要人物们准备对他的演说发表个人看法时，奥利维罗托突然站起来提议说，这个话题应该在一个较为私密的场合讨论。说完他自己先退进了一个房间，随即，乔万尼和其他人也跟进去了。但是，当这些人还没坐稳，奥利维罗托的士兵们就从隐秘处冲了出来，当场杀死乔万尼和其他人。杀戮结束后，奥利维罗托骑着马在城市里来回招摇，并围困了城市最高长官的府邸。费尔莫人胆战心惊，不得不服从奥利维罗托，并组建由他担任君主的政府。奥利维罗托把那些对自己的统治不满或有可能损害到他利益的人，一个不留统统杀掉，同时他还颁布新的民事和军事法令，以巩固自己的地位。这种恶行，使得他在夺取城市统治权的那年，不仅安全无忧地掌控了费尔莫这个城市，而且令周边国家都对他发怵。不过，正如前面已经提过的，当切萨雷·博尔贾在西尼加利亚征服了奥尔西尼和维泰利的时候，如果奥利维罗托没有上博尔贾的当，博尔贾要想消灭他就会像消灭阿加托克利斯一样困难。不过，在奥利维罗托杀死其舅舅的一年之后，他就被绞死了，同他一起被绞死的还有维泰罗佐——维泰罗佐是奥利维罗托在勇猛和邪恶品性方面的领路人。

有的人可能会感到奇怪：为什么阿加托克利斯之类的人，为人背信弃义，奸诈残忍，却能够长期并且安全地统治本国，还能够抵御外患，而且本国公民也从没有密谋造反；而另外的一些人，同样是以残暴为手段，别说在胜负难料的战争时期无从把握国家统治权，就连和平时期都保不住国家。我认为，这种情况正是恰当和不恰当使用邪恶手段造成的。如果说恶行有时候也有正确的一面，那就是在影响到自身生死存亡而必需时，但卑劣手段只能偶尔使用，日后除非有利于臣民，否则绝不可重复使用。而不恰当使用的恶行，指的是一开始很少有暴行，但随着时日增长，残酷恶劣行为却越来越多。采取第一种方式的那些人，如同阿加托克利斯那样，会得到神帮人助，在某种程度上有助于他们的统治；而采取第二种方式的人，最后往往不能自保。

因此，占领者在夺取一个国家的统治权时，要考虑清楚哪些残暴行径是必需的，并且要在施暴行时一次性完成，避免日后持续不断地做出损害之举。这样，占领者日后可以安抚人们，并且通过一些小恩小惠争取民众支持自己。如果一开始因为怯懦或者受人蛊惑而没有做该做的，那么，这位新君主日后为了统治将不得不时刻举着刀剑。这是因为，君主占领国家后若持续不断地行些损害之举，他就得不到人们的支持。因此所有残酷行为，必须毕其功于一役，这样人们体验损害的机会少，对君主的积怨就少；而施与恩惠时，则细水长流，一点儿一点儿地给，这样可使恩惠对人们的影响持久一些。对君主来说，最为重要的是生活在人民之中，以免意料之外的情况发生。无论情况是好是坏，他都不应在危急时刻临时改变政策。因为，意料外的变革一旦发生，在最紧要的关头，你想施暴行已经为时过晚；而你在这时候行善事，人们也不会帮助你，他们会认为你是迫不得已才这样做，没有人会因此对你履行任何义务。

第九章

论市民的君主国

现在,我们探讨另一种情况:如果一位市民领袖,既不是通过不道德行径,也不是借助让人不堪的残暴手段,而是依靠他的市民的支持而成为国家君主,这样的国家即为市民的君主国。一个君主若想达到这个高度,既不完全依靠禀赋,也不完全依靠好运,他最必需的是幸运的机敏。我认为,这种君权的获得,要么是由于人民的支持,要么是由于贵族的支持,因为所有城邦里都存在着这样两股相互对立的势力,原因是贵族总想统治和压迫人民,而人民却不愿意被贵族统治和压迫。这两种全然相反的意愿,导致城邦国家产生以下三种结果之一:君主权,自主权,或者无政府。

建立君主政权的,要么是人民,要么是贵族,这取决于抓住机会的是双方中的哪一方。当贵族发觉自己不能成功抵挡人民的反抗时，就会抬高贵族中某一个人的声望，使其当上君主，然后自己依附于君主，以在其庇荫下实现自己的意愿。另外，当人民觉察到自己的反抗抵挡不住贵族力量时，他们也会抬高自己阵营中某一个人的声望，并使他成为君主，以便于借助他的权威保卫自己。一个人依靠贵族支持获得君权，比起依靠人民支持获得君权的，在维系君权时困难更多。因为在前一种情况下，君主会发现他的周围有许多自视与自己平等的人，因而他无法完全按照自己的意愿统治和管理他们。相反，如果是依靠人民的支持而获得君权的君主，对君权则可以泰然处之，因为他的周围没有或者几乎没有想唱反调的人。

除此之外，君主如果处事不公、损害他人，往往能取悦贵族，却不能使人民满意，因为人民的目的原本就比贵族的目的更正当，贵族总想压迫他人，而人民仅有的意愿是不受压迫。再说，如果人民心怀不满，他们庞大的人数，会使君主难保安全；而贵族即使心怀不满，但人数很少，君主仍可以保障自己的安全。人民如果心怀不满，君主最糟糕的下场不过是被人民抛弃；贵族如果心怀不满，君主所害怕的不仅是被他们抛弃，还有可能会被他们打倒。在这些事情上，贵族比人民站得高、看得远，精明狡猾，总是能够明哲保身、见风使舵地去讨好他们比较看好的那一方。此外，君主只能和同一阵营的人民生活在一起，但离开同一阵营的贵族也能做得很好，因为他可以随时设立和废黜贵族，能随心所欲地赐予或者剥夺他们的荣誉。

为了更清楚地说明这个问题，应按下述两种情况看待贵族：一种是他们把自己的仕途和你的运气紧密相连；另一种是他们并不依赖于此。对于那些以第一种方式依附于你并且生性不贪婪的贵族，你应当授之以荣誉并加以保护。而对于那些不依靠君主的贵族，则又应该以下述两种方式区分对待。如果他们出于胆怯或天生缺乏勇气不敢依靠君主，在这种情况下，特别是对于那些能够提出有益建议的，你应当充分利用他们。这种做法，在国家繁荣昌盛之时能给你带来荣誉，而当你身处逆境时，你也无须畏惧他们。但是，如果贵族不依附你，乃是由于他们自己的野心，这就意味着他们行事必先考虑自己的利益，其次才会考虑你。君主应当警惕这种人，要像防范那些公开的敌人那样对其严加防范，因为君主一旦处于困境，他们会跳出来推动君主的灭亡。

因此，一个人如果是依靠人民的支持而当上君主，那么他必须同人民保持友好关系。因为人民的要求是不再受到压迫，君主做到这一点并不困难。但是，如果一个人站在人民的对立面上，即便他依靠贵族支持当上了君主，他该做的首要之事仍是争取人民支持。他若要把人民置于自己的保护之下，这一点也很容易就能做到，因为人民原本以为会使他们遭殃的君主，却给他们带来了恩惠，人民势必会对这位恩主充满好感，自然很快就会爱戴这位君主，甚至爱戴这位君主的程度超过爱戴那些依靠人民支持而取得君权的人。君主可以通过多种途径赢得人民的爱戴，这些办法根据具体情况的差异而有所不同，我无法给出标准做法。对这个话题，就此略过，我要强调的是，君主必须同人民保持友好关系。这一点十分重要，否则当他陷入困境时将无以自保。

斯巴达国王纳比斯[1]不幸遭遇所有希腊人和罗马常胜军的进攻，他为保卫自己的国家和政府而抵御他们。当这危难临头时，他只需对付那少数人，就能保全自己，但是，当他还要面对充满敌意的人民时，他的应对之计就远远不够了。对于我的观点，大家都不要试图用"以民为基，无异于泥潭筑楼"这句陈腐的格言来反驳。这是因为，如果一个平民将其执政之基建立于人民之上，并且他深信当他受到敌人或官吏威胁时，人民会帮助他，那么这句格言是适用的。在这种

---

[1] 任期：前206或前207—前192，斯巴达末代统治者。公元前195年被罗马名将弗拉米纽斯（T. Q. Flaminius）打败，公元前192年被杀。

第九章 论市民的君主国

情况下，如同罗马的格拉基[1]，佛罗伦萨的乔治·斯卡利所遭遇的那样，他往往会发现自己失算了。但是，如果一位君主将执政之基建立在人民之上，他能发号施令，为人果敢，身处逆境也不沮丧，并且未雨绸缪，能以其精神意志和制度措施激励人民，那么，人民永远不会背弃这样的君主，这预示着他打好了坚实的基础。

上述的这些君主国，当它们从平民政体向君主专制过渡的时候，常常处于危险状态。这些市民君主国，要么是君主亲自统治，要么是君主通过官吏统治，而后面一种情形的政权完全取决于那些身居高位的市民的意志，这种政权在政体过渡中尤为软弱动荡。特别是在危难时期，通过官吏进行统治的君主国，这些官吏要么暗施诡计，要么公然挑衅，很容易篡权夺位，何况在局势混乱中君主足以信赖的人寥寥无几。危急时刻，君主不能依据太平时期所见到的情况做决策，因为太平时期市民们对君主尚有所求，那时要求人们为君主奔走，每个人都答应；但当君主处于生死关头，愿为君主奔走的人难能一见。这种境遇极其危险，往往不具有再

---

[1] 由平民选出的著名的古罗马护民官格拉基兄弟提比略（Tiberius）和盖厄斯（Gaius），他们曾采取一些有利于平民的措施，但平民并没有给予他们足够的支持，他们先后于罗马贵族挑起的叛乱中被杀。这一事件见于马基雅维利的《佛罗伦萨史》第三章。

现或重来一次的可能。因此,明智的君主应该采取办法,使他的臣民在任何情况下都有求于国家,有求于自己,这样一来,君主总能看到他们的忠诚。

第十章

论衡量君主国力量的方法

在研究这些君主国特征时,有必要再考虑另一点,即陷入困境中的君主,是凭借自己的资源屹立不倒,还是经常需要向他人乞求援助。为了更清楚地阐述这一点,我想说的是,如果君主能够因为臣民众多,或者因财力雄厚招募到足够的军力,能同任何入侵者决战疆场,他们就是那种能凭借自己屹立不倒的人;如果君主不能挺身而出与敌人决战疆场,而是躲在城墙后被动抵抗,他就是那种时常需要他人援助的人。第一种情况,前文已有论述,在后面合适的机会还会再详谈。至于第二种情况,人们除了鼓励君主巩固城防、备足粮草、保卫国家,实在无话可说。任何君主如果做好了城防工事,并能按前文已提到、后文还要再谈的方法妥当处理和臣民的关系,那么,如果有人要想进犯这位君主就得慎重掂量，因为一般人都会避免做明知困难的事，尤其是当这位君主有坚固的城防，并且属民也不恨他时，进犯他就更不容易了。

德国的各个城邦享有高度自主，周边环绕着为数不多的几个小国。人们如果觉得合适就服从皇帝，但他们既不怕皇帝，也不怕任何邻近的统治者。因为他们的城防牢不可破，任何人想进攻他们，都要付出旷日持久、艰苦卓绝的努力。这是因为他们修筑了完备的壕沟和城墙，配备了足够的大炮，在公共仓库里总是备足可供一年之需的粮食、饮品和燃料；除此之外，为了确保人们的安宁，同时保证国家不受损失，人们还经常停工去从事关系到城市存亡兴衰的劳动；这些城市还重视军事训练，制定了许多关于保障军事训练的规章。

因此，如果君主拥有强大的城市，而且又没有结怨于人民，他就不会遭到攻击，如果有人敢于侵犯，也必然会被狼狈不堪地击退。世事瞬息万变，谁也不可能让一支军队在战场上整年不受干扰。也许有人会说，如果人民在城墙外面拥有财产，当他们目睹自己的财产被敌人焚烧时，必定按捺不住，而且长期被围困和自私心会使他们忘记自己的君主。对此，我的回答是，在这种情况下，一位强力果敢的君主一方面要给人民以希望，让人们相信祸患不会长久持续；另一方面他还要使人民对敌人的残暴产生畏惧。同时，君主还要把他认为过于莽撞的人巧妙地控制起来。做到了这些，君主就能够克服上述困难。

进一步说，当敌人到来时，如果人民士气高涨，并且决心抵抗敌人，敌人势必会立即焚烧和摧毁城市周边的农田。此时，君主不应优柔寡断，因为不久以后，人民的士气会消耗殆尽，那时损害形成，灾害临头，局势难挽。现在，人们的家园被烧毁，财产被损害，而君主是他们的保护者，他们势必会积极地与君主团结一致。因为，施恩者与受惠者向来都是休戚与共的，这是人之常情。因此，如果虑事周全且不缺乏粮食和防卫手段，那么要做到在被敌人围困时能自始至终地掌握民心，对英明的君主来说并不困难。

第十一章

论教会君主国

现在只剩下教会君主国留待探讨了。对于这类公国，其所有的困难都发生在取得国家统治权之前。因为获取这类国家，要么是借助个人的能力，要么就是因为好运气，但在维持统治时，却不是依靠能力或者好运气，而是通过宗教的传统制度来维持。宗教制度力量很强大，并且还具备这样的特征：该制度使君主当权，而又全然不问君主如何行事和生活。这些当权者独自占有附属国而不必保护它们，拥有属民而又不必统治他们；这些教会国家，其国家虽不加防范却不会被夺权，其属民虽不受统治但无人在乎，属民既没有意识也没有能力背弃君主。这样的国家拥有并且只拥有安定和幸福。但是，由于这种国家是由人力所不及的力量进行统治的，我就不多讨论它了，因为这种国家是由上帝祝福和维护的，只有傲慢鲁莽的人才敢妄议它。

然而，可能会有人问我：为什么罗马教廷能获得如此大的世俗权力？从教皇亚历山大六世开始向以前追溯，那些意大利的当权者——既包括权力大的君主们，也包括那些最低级的男爵和领主——都不够重视教会在世俗事务上的权力，但是现在，即便是法国国王也在教会面前胆战心惊，因为教会能把法国国王赶出意大利，还能消灭威尼斯。这些事实众所周知，但我觉得再提一下，让人们重温旧忆并不多余。

在法国国王查理八世进入意大利之前，意大利正处于教皇、威尼斯人、那不勒斯国王、米兰公爵以及佛罗伦萨人的统治之下。这些统治者最操心两件事：第一，不许任何外来势力武装入侵意大利；第二，现有的统治者中任何一方都不能扩张领土。这些统治者最担心的莫过于教皇和威尼斯人。为了能够抑制威尼斯人，正如保卫费拉拉那样，其他各方必须携手联合起来。为了压制教皇的力量，他们就得重用罗马贵族，这些贵族内部分裂为奥尔西尼和科隆内西两派，这两派经常发生龃龉，在教皇眼前刀兵示威，使得教皇怯懦无策。即使偶尔也会有像西克斯图斯那样英勇的教皇，但无论是他的运气还是智慧都不足以使他摆脱这些窝心事。任期短暂是教皇软弱无力的另一个原因。教皇的平均任期只有十年，在这十年中，教皇费尽周折顶多只压制了其中一个派别。比如说，一个教皇几乎整垮了科隆内西家族，而另外一个教皇即位后却扶植科隆内西家族，而与奥尔西尼家族为敌，新教皇为复兴科隆内西家族，又顾不了搞垮奥尔西尼这一派。结果，这使得罗马教皇的世俗权力在意大利难以被人重视。

后来亚历山大六世崛起，在历代教皇中，他是最会持续利用金钱和武力的。他以儿子瓦伦蒂诺公爵为工具，以法国人入侵为理由，实现了我在前文探讨公爵行为时提到的那些业绩。虽然亚历山大六世的本意并非为了壮大教会势力，而只是为了壮大他的公爵儿子的势力，但是，在他的死亡和公爵的灭亡后，由于教会得以继承这些劳动成果，他的贡献壮大了教会势力。

后来，尤利乌斯二世继任教皇，他意识到教会已经很富强，因为教会占领了罗马涅全境，镇压了罗马所有的贵族，并且这些贵族派系已被亚历山大六世击溃铲除；他还发现亚历山大六世的聚财方法前无古人。尤利乌斯二世不仅仿效亚历山大六世的这些做法，而且使之不断升级，他决心夺取博洛尼亚，消灭威尼斯人，并把法国人撵出意大利。后来，他成功地实现了这些。并且，由于他做的这些事情的出发点是为壮大教会势力，而非强化个人势力，这使他的业绩尤显光荣。此外，他还把奥尔西尼和科隆内西这两派限定在他所划定的范围内。虽然这两派中总有些人制造一些事端，但教皇尤利乌斯二世牢牢把握两点：一是保持教会的强大以威慑他们；二是不让他们有担任枢机主教的机会，因为枢机主教往往能挑起派系争端。一旦某个派系有了自己人做枢机主教，他们就绝不会长久安生，因为这些枢机主教会在罗马内外培植势力，而贵族公侯不得不支持他们，神职人员的野心会引发贵族公侯间的纷争和骚乱。基于上述理由，当今的教皇利奥陛下[1]构筑了最为强大的职权。我们希望，如果先前的教皇已经通过武力使教会变得强大，那么当今教皇将以广施恩泽和至上美德使其地位更为稳固和强大，同时更受崇敬。

---

1 乔万尼·德·美第奇（Giovanni de' Medici，1475—1521），他是马基雅维利写此文时的教皇。尤利乌斯二世死后，他被推选为下一任教皇，任期为1513—1521年。

第二部分 武装的先知：
马基雅维利论军队和军事力量

陈华文　任剑涛

第十二章至第十四章对军事的论述内容简洁、观点清晰，看起来平淡无奇，但能最直接地呈现出马基雅维利的德行观中"强硬"的维度。马基雅维利对德行的应用比较复杂，其中颇具颠覆性的一个方面是他将美德从静态的和谦逊的状态转向动态的和强硬的行动中去，而且带有黩武精神。

马基雅维利对军队力量的强调不只体现在思想上，他还直接参与了佛罗伦萨的军队建设。1502年，皮耶罗·索德里尼当选佛罗伦萨正义旗手，执掌行政大权；1506年，为了收复比萨，佛罗伦萨议会通过马基雅维利起草的民兵法案，授权他推行国民军建设；1509年，佛罗伦萨围攻比萨，后者降。佛罗伦萨拥有了自己的民兵队伍。如果读者想要了解马基雅维利更细致的军事思想和制度设计，可以阅读他的《兵法》一书。

在《君主论》中，马基雅维利更多是强调建设属于自己的国民军队的重要性，以及君主在军事方面的责任。他在前两章旁征博引，借用古今事例分别申明雇佣军和援军不可靠。无论他们所向披靡还是孱弱无力，无论在他们的帮助下战胜还是战败，于君主而言只会有害而不会有益：强的雇佣军或援军在战胜后会成为君主的敌人。罗马和斯巴达经年整军经武从而享有自由，但罗马帝国的衰亡是从雇佣哥特人开始的。马基雅维利时期的意大利多年以来一直依赖雇佣军，使得法国国王查理八世"拿着粉笔"就不费吹灰之力占据意大利。佛罗伦萨人虽曾利用雇佣军开疆拓土，但也只是侥幸因为那些能干的雇佣军将领没有来得及成为君主的敌人（而不是他们主动选择不自立为王）。他对援军的讨论在思路和结论上都大体相同。

因而，马基雅维利认为一个君主应该看得出雇佣军和援军带来的忧患。唯有自己武装起来，拥有自己本国的军队，才是赢得名声、夺得统治权之道。所谓自己的军队，是由臣民、市民或者君主的属民组成的军队。

马基雅维利还暗示了复兴步兵的重要性。对步兵的重视表明了他对军事发展有着清晰的把握。自378年亚得里亚堡战役开始，骑兵取代步兵成为中世纪军队的核心和主力，但从14世纪下半叶开始，随着步兵的崛起和火药技术的发展，战争的形态和军队的组织形态都开始发生变化，而步兵的崛起导致越来越多的平民有机会加入军队。马基雅维利敏锐地感知到这些发展趋势，而这些是雇佣军本身无法做到的。他在《君主论》中提到雇佣军贬低步兵的声望，是为了抬高自己的地位，当然这也是雇佣军自身属性所决定的：他们没有能力供养足够多的步兵，而少量步兵又不能为他们赢得声势。

第十二章

论军队的种类与雇佣军

本书开头部分曾提到需探讨的君主国特征,我已做出详细讨论,并或多或少地研究了这些君主国的良莠原因,还指出夺取和保有它们而采用的不同方法。现在有待我概括讨论的是每种君主国可使用的进攻与防守之道。

前文论述已表明,君主建立稳固的执政之基是非常必要的,否则,他注定走向灭亡。所有君主国,不论它是新君主国、老君主国,还是混合君主国,其首要的执政之基在于良好的法律和优秀的军队。没有优秀军队的君主国,不会有良好的法律;有了优秀的军队,君主国才会有良好的法律。我现在不再探讨法律而是谈谈军队问题。

在我看来,君主用以保卫国家的军队,要么是他自己的军队,要么是雇佣军、援军,或者是混合军队。雇佣军和援军往往用处不大又危险。如果君主要依靠这种军队来保卫政权,那么他的地位不会稳固,也不会安全,因为这些军队一盘散沙,各怀野心,纪律涣散而且不讲忠义。他们在朋友面前耀武扬威,在敌人面前怯懦孱弱;他们对上帝毫无敬畏,待人也不真诚。依靠这种军队的君主国之所以还没有被毁灭,仅仅是因为敌人还没有发动进攻。君主在和平时期要遭受这些雇佣军的掠夺,在战争时期则将成为敌人刀下之俎。事实上,这些人之所以愿意从军,仅仅是为了那一点儿军饷,此外再无其他动机,而那点儿微薄的军饷,不足以让他们为你卖命。在你不打仗的时候,他们非常愿意做你的士兵;但是当战争来临的时候,他们要么临阵逃脱,要么跑到没有敌人的地方。要证明我说的这些,实在太容易了。因为意大利的溃败,正是因为当权者多年来一直把希望寄托在雇佣军身上。尽管这些雇佣军在彼此面前表现得很勇敢,但大敌当前,他们马上现出原形。正因如此,法国国王查理八世"手拿粉笔"就轻松攻取了意大利[1]。也有人说,我们的溃败是因为自己的罪过。他们的确说了实话,但此

---

[1] "手拿粉笔"(col gesso),这是亚历山大六世的一句俏皮话,意思是查理八世只需派他的军需官去用粉笔记录下士兵们出征所需的营帐,就能轻松占领意大利。这让人想起了培根勋爵写的《亨利七世史》:"(法国)国王查理八世征服了那不勒斯,又一次失去了那不勒斯,像做了场美梦。他穿越整个意大利而没有受到抵抗。所以教皇亚历山大六世的话是真的:法国人入侵意大利,手拿粉笔画个记号,就能在那里安营扎寨,而无须拿着刀剑去战斗。"——英译本原注

罪过并非说话者所认定的那种罪过,而是我们的君主过分依靠雇佣军的罪过。正是因为君主的这些过错,所以连他们也一起受到惩罚。

我将进一步论证这种雇佣军的不靠谱。雇佣军的高级首领,要么有能力,要么没有能力,两者必居其一。如果他们是有能力的人,你不能信任他们,因为他们总想着自我利益最大化,要么威胁他们的主子——你,要么违背你的意愿欺压他人。如果首领是能力平庸的人,那么你会毁于他的庸常。

如果有人反驳说,任何人,不管他是不是雇佣军,只要手中掌握了武器,就是一样的做派。对此,我的回应是,当必须用兵之时,君主国的君主必须亲自挂帅前往应敌,而共和国的君主也必须委派自己的代理人。如果被委任的人不能胜任职务,则应该予以撤换;假如委派的人能够胜任,则应用法律来制约他,使他不能超越职权范围。经验已证明,许多君主国和共和国依靠自己的力量和武装能取得巨大进展,而雇佣军只会带来损失。而且,要使一个由自己的军队武装起来的共和国服从他人支配,要比一个由外国军队武装起来的国家困难得多。在几个世纪里,罗马和斯巴达由本国的军队武装起来,因而享有自由。瑞士人武装得更为彻底,故享有的自由也更为充分。

迦太基人和底比斯人是古代以雇佣军武装国家的一个例子。虽然迦太基人任命自己的公民为雇佣军的首领,但是在他们和罗马第一次交战后就几乎毁灭于雇佣军之手。底比斯人,在埃帕米农达[1]死后,请来马其顿人菲利波担任底比斯雇佣军的首领。当菲利波取得战争胜利后,他剥夺了底比斯人的自由。

菲利波公爵死后,米兰人招募了弗朗切斯科·斯福尔扎来对付威尼斯人。斯福尔扎在卡拉瓦焦一役(1448年9月15日)打败敌军之后,却与敌人联合起来,打垮了自己的主子——米兰人。他的父亲老斯福尔扎,本来受命于那不勒斯王国的女王焦万娜二世,后来却突然不辞而别,使女王的军队瓦解。为了保全国家,女王不得不投入阿拉贡国王的怀抱。然而,威尼斯人和佛罗伦萨人都曾经依靠这样的雇佣军扩张自己的领地,但这些军队的首领却并没有自立为王,而是保卫着他们的君主,这又做何解释呢?我认为,在这种情况下,佛罗伦萨人是得到了上天的眷顾。在他们的雇佣军首领中,有些人没有打胜仗,有些人则忙于和自己的对手争斗,而其余首领的心思则在别的事情上。没有打胜仗的人是乔万尼·阿库托,由于他没打过胜仗,所以无从鉴别他的本

---

[1] 约前410—前362,底比斯著名将领和政治家,曾领导底比斯脱离斯巴达的控制,使底比斯成为一等强国。

质是否忠君。但每个人都会承认：如果他打了胜仗，他肯定会成为佛罗伦萨的主人。而打了胜仗的布拉齐奥家族一直和斯福尔扎家族对立，双方互相掣肘：弗朗切斯科垂涎伦巴第；布拉齐奥则一心对抗教皇和那不勒斯王国。我们还可以看一看前不久发生的一件事：佛罗伦萨人为他们的雇佣军任命了保罗·维泰利做首领。保罗出身平民，深谋远虑，在军队中声望极高。人们都承认，如果他夺取了比萨，那么佛罗伦萨人会和他保持友好关系。因为保罗一旦成为敌军的首领，那么佛罗伦萨人就只能坐以待毙；但如果佛罗伦萨人想继续任用他，就不得不听他的意见。至于威尼斯人，如果我们考虑他们所取得的成就，就会发现当他们派遣自己的人作战的时候，他们做得既稳妥又光荣，他们依靠武装起来的贵族和平民进行过英勇的战斗，而这些都是威尼斯人在转向大陆作战之前取得的成绩。当他们开始在大陆作战的时候，他们丢掉了这种好作风，开始仿效意大利人那一套。在向大陆扩张的初期阶段，威尼斯人领土不多，而且声望极高，因而对雇佣军首领无须畏惧。但等到雇佣军首领卡尔米纽奥拉把他们的领土大肆扩张以后，威尼斯人开始尝到了雇佣军带来的苦头。由于卡尔米纽奥拉指挥军队打败了米兰公爵，威尼斯人发现卡尔米纽奥拉极有能力，但同时又发觉他对继续发动战争的热情越来越少，他们担心卡尔米纽奥拉不能再继续率军争取更多胜利，因此，他们不能再让他担任雇佣军首领。但是，威尼斯人又害怕失去已经得到的一切，所以又不能让卡尔米纽奥拉离开。为了保障既得利益，保证他们已经得到的一切及自身安全，他们只得把他杀掉。后来，威尼斯人先后招募了巴尔托洛梅奥·达·贝尔加莫、罗伯托·达·圣·塞韦里诺、皮蒂利亚诺伯爵以及诸如此类的人担任军队首领。让这些人指挥军队，威尼斯人总是担心他们会打败仗，以致最终竹篮打水一场空。后来确实是这个结果，一场维拉战役（1509年，又名阿尼亚德洛战役）便使威尼斯人历经八百年打下的基业丧失殆尽。依靠这样的雇佣军，成功往往微乎其微并且姗姗迟来，而受到的损害却突如其来，后果难以预料。

由上述事例，我想到多年来一直受制于雇佣军的意大利。在此，我想更认真地讨论雇佣军的问题，了解他们的起源和发展，以便更好地应对他们。

您一定知道，近来意大利的君权受到威胁，而教皇在世俗事务中影响力越来越大，意大利分裂成多个小国。这是因为，一些城邦武装起来反对那些曾深得帝王宠信、压迫自己的贵族，而教会也支持这些城邦，以赢得自己的世俗权威；而另一些城市的市民则当上了共和国的君主。这样一来，意大利大半落入了教会和一些共和国的手中。然而，教会的神父们和共和国的市民们并不懂军事，两者都招募外国人来做雇佣兵。

使这类军队扬名天下的一号人物，当是罗马涅人阿尔贝里戈·达·科尼奥[1]。像他这样在雇佣军中脱颖而出的人，还有布拉齐奥和斯福尔扎，这两个人当时是意大利的仲裁者。继他们之后，雇佣军还有过一些其他的首领，这些人至今仍掌握着意大利的军队。然而，他们的英勇结果，无非是使意大利先后遭受查理八世的蹂躏、路易十二的掠夺、斐迪南[2]的摧残以及瑞士人的羞辱。这些雇佣兵的策略是，首先，通过贬低步兵名声抬高自己的身价。他们之所以这样做，是因为他们没有自己的领地，而是靠军饷生活，因而不能招募太多兵员。而步兵如果达不到相当规模就不会有多大战斗力，他们于是招募骑兵，因为供养同等数量的骑兵，既能维持他们的地位，又能获得好名声。这就导致在一支两万人的军队里，步兵人数不及两千。除此之外，这些雇佣军将领还会千方百计地减少自己和士兵们的劳苦和危险，比如在战争中

---

[1] 阿尔贝里戈·达·巴尔比业诺（Alberigo da Barbiano, 1344—1409），罗马涅的科尼奥伯爵（count of Cunio），是纯粹意大利式雇佣军团的创始人，著名的"圣乔治兵团"首领。

[2] 1452—1516，西班牙国王，曾出兵援助那不勒斯，驱逐法国查理八世的入侵，1500年与法国国王路易十二瓜分了那不勒斯。1508年与德、法、西班牙及教皇合谋瓜分威尼斯。1511—1513年，与法国作战，以争夺意大利控制权。

不上阵杀敌，活捉俘虏往往不向敌方要求赎金就释放。攻城时，他们不搞夜间偷袭；守城时，他们也不潜入敌人营地。他们的军营，周围既没有安装栅栏，也不挖掘壕沟，冬天天冷也不出征。所有的这些事，都是他们的军规所允许的，正如我前面所说的，这是他们为了避免官兵劳苦和危险而想出来的方法。因此，他们把意大利带进了奴役与屈辱中。

第十三章

论外国援军、混合军和本国的军队

除了雇佣军,外国援军是另一类没有益处的军队。外国援军正如教皇尤利乌斯二世最近所借助的那种军队,是君主请求强国派来援助和保卫自己的外国军队。教皇在对费拉拉用兵时吃尽了雇佣军的苦头,于是他转而寄希望于外国援军。他与西班牙国王斐迪南达成协议,由西班牙从兵力和装备上给他提供援助。这类军队本来自身可能是有所作为的、优秀的,但是对受援者来说,他们往往是有害的。因为,如果外国援军打了败仗,受援者跟着倒霉;如果他们打了胜仗,受援者就有可能被他们俘虏。

这类例子,在古代历史上比比皆是,为使这种军队的危险性一目了然,我还是选择离我们最近的教皇尤利乌斯二世这个例子,讨论一下他那再糊涂不过的做法。教皇为了夺取费拉拉，一开始把自己的希望寄托于外国人手中，幸亏他得益于一种好运，才没有因自己的鲁莽行为而自食苦果：当时，他请来的外国援军在拉韦纳被击溃，出乎尤利乌斯二世和其他人意料的是，瑞士人发动起义并将占领者赶出了他们的领土。最终获胜的不是他请来的援军，而是别的军队，所以，尤利乌斯二世没有被他请来的援军所俘虏。佛罗伦萨人没有自己的军队，于是请了一支由万名法国士兵组成的外援，去攻打比萨，结果佛罗伦萨人陷入了他们前所未有的困境。君士坦丁堡的皇帝[1]为了反对他的邻国，派遣了万名土耳其士兵进入希腊境内，然而，战争结束后，这些士兵却不肯离境，这就是希腊人遭受异教徒奴役的开端。

让那些不想取得最后胜利的人使用这种援军吧！因为援军比雇佣军更加具有危险性，甚至可以说，援军到来之时，便是你走向毁灭之始。因为援军上下团结，而且完全服从他们指挥员的命令。而雇佣军如果在取得胜利后，想伤害你，他们需要更多的时间和更好的机会，因为他们内部松散不成一体，是你把他们招募来，是你给他们发军饷，又是你委托

---

[1] 乔万尼·坎达库泽诺（Giovanni Cantacuzeno，1300—1383），因拜占廷内讧（1341—1347），于1346年同土耳其和苏丹结盟，苏丹派自己儿子带兵帮坎达库泽诺出兵希腊。胜利后，土耳其人拒绝撤兵希腊。这是土耳其人在欧洲扩张的基础。

军官担任他们的头头,所以,他们无法迅速获得足够的权威以加害于你。总之,雇佣军的危害,在于他们的胆怯懦弱;外国援军的危险性,却在于他们的英勇剽悍。因此,明智的君主总是谢绝使用外国援军,一旦发现他们可疑、不忠,有危险,就把他们废掉,而转向依靠自己的人。英明之君不会把援军的胜利视为自己的真正胜利,他宁可依靠自己的军队打败仗,也不会借助援军打胜仗。

在此,我会不假思索地援引切萨雷·博尔贾及其做法为例。这位公爵借助于法国援军,率领完全由法国士兵组成的军队进入罗马涅,先后夺取伊莫拉和福尔利。后来,他察觉到这些援军并不可靠,而雇佣军的危险性相对小一些,于是他就开始使用雇佣军。为此,他招募了奥尔西尼和维泰利。随后,他在指挥和管理这支雇佣军的过程中,发现他们形迹可疑、忠信不足,并且暗藏危险,于是公爵毫不客气地杀了他们,转而依靠他自己的人。我们可以注意到:关于这几类军队之间显而易见的区别,我们可以从公爵任用他们而获得的不同声誉上看出来。从任用法国军队,到任用奥尔西尼和维泰利,直到他任用本国军队,人们对公爵的信任程度不断上升。当人们看到他完全成为自己军队的主人时,公爵得到了前所未有的崇敬。

除了意大利最近发生的这些事例,我并不想再举其他例证了，但是我又不想漏掉叙拉古人希耶罗这个例子。如前面提到的，这个人被叙拉古人任命为他们军队的首领。希耶罗随后就意识到，像意大利军队这种由雇佣兵组成的军队是毫无作为的。他还认为他既不能继续保留他们，也不能让他们离开，于是他不得不把他们统统杀掉。此后，跟随他作战的军队，不再是外国援军而是他自己的军队。

我还想回顾一下《旧约全书》讲过的一个与之有关的故事。大卫请求所罗王准许自己与菲利士人的勇士歌利亚作战。为了给他壮胆，所罗王把自己的铠甲送给大卫披戴，可是大卫试穿后谢绝了所罗王的好意。他说披戴了这副铠甲，他就不能很好地发挥自己的力量，他宁愿用自己投出的石子和刀子与敌人战斗。总之，如果穿戴别人的铠甲，那么它要么会从你身上滑落，把你压垮，要么会把你紧紧束缚起来。

法国国王路易十一的父亲查理七世，凭借自己的好运和能力，把法国从英国人统治之下解放出来，从中他意识到依靠自己的军队武装自己的重要性，于是他在法国设立了各种关于步兵和骑兵的规章制度。但是后来，路易十一废除了本国的步兵，招募瑞士士兵。正如我们所见，路易十一的这个错误，连同由此引发的其他错误，正是法国陷入危难的根源。路易十一使瑞士士兵声名鹊起——因为他完全废除了自己的步兵，同时又使他的骑兵依赖于外国军队，法国士兵习惯了与瑞士人协同作战，似乎离开了瑞士人，他们根本就无法取胜。这样一来，法国军队既没有能力对付瑞士人，离开瑞士人他们也不敢对抗别的国家。于是，法国军队变成了由部分雇佣军和部分国民军组成的混合军队。虽然这种混合军队要比单一的雇佣军或者单一的援军强些，但是远远不如完全的本国军队。这个例子说明，如果查理七世的规章制度能在他的儿子这里得以继承和发展，法国将是不可战胜的。

可是，人们缺少明察慎思，就开始干一件起初看似不错的事，结果往往分辨不出其中的隐患，正如我们前面提到过的。因而，如果一个君主不能看出他的国家正在滋生的隐患，那么他就算不上是真正英明的君主。然而具备这种洞察能力的君主只是少数。如果研究一下罗马帝国覆灭的第一个原因，我们会发现，祸患从他们开始雇佣哥特人当兵时就开始了。因为，曾经使罗马帝国勃兴的一切力量都转移到了哥特人手里，罗马帝国从那个时候开始走向衰落。

故此，我的结论是，任何一个君主国如果没有自己的军队，它都根基不稳。反之，一个君主国陷于不利处境时，如果没有保卫自己的实力，那它就只得听天由命了。明智的人们往往持有这样的见解和论断：世界上最不确定、最不牢靠的东西莫过于没有自己力量做支撑的名声或者权力。所谓本国军队，指的是由臣民、市民或者属民组成的军队；其他的军队则是由雇佣军或援军组成的。如果人们能思索一下我前文提到的那些人的做法，再研究一下亚历山大大帝的父亲腓力二世，以及许多共和国和君主国是如何组织自己的武装力量的，那么想找到组建自己军队的办法并不难。而对于这种方法，我深信不疑。

第十四章

论君主在军事方面的责任

除了战争、军事制度和军事训练,君主不该有其他的目标或想法,也不应该花心思研究其他的事,因为军事艺术应该是统治者的唯一的艺术。这门艺术的效力,不仅能够使生来就是君主的人保持住自己的地位,还多次帮助许多平民出身的人登上君主之位。反之,君主如果沉湎于安逸生活,而较少考虑军事问题,他就会亡国。君主亡国的第一个原因就是忽视了军事;你若想夺取一个国家的统治权,首先得精通这门艺术。

弗朗切斯科·斯福尔扎由于崇尚军事,从平民一跃成为米兰公爵,但他的子孙们却因逃避军事的困苦烦扰,又从公爵变为平民。如果不整军经武,就会遭人轻视,这是君主必须提防的一种奇耻大辱,原因我们在后面会解释。全副武装的人和手无寸铁的人没有可比性。指望全副武装的人心甘情愿地顺从手无寸铁的人，或者手无寸铁的人让全副武装者做臣仆能安全无虞，都是不合常理的。因为双方之中必然有一方对另一方心存鄙视，而另一方则心存犹疑，这样的两方不可能友好相处。所以，一个不谙军事艺术的君主，除了前面提到的那些灾祸，他既不能获得自己士兵的尊敬，而自己也不能信赖他们。因此，君主永远不能让自己的心思远离军事训练问题，他在和平时期比在战争时期更得注重军事训练。要做到这一点，方法有二：一是通过行动训练，二是通过学习研究。

关于行动训练方面，君主的首要任务是把他的人马妥善组织起来进行军事操练。君主还应该经常从事狩猎，借以使自己的身体习惯于艰苦环境，并了解各地地理状况，了解山脉如何起伏、山谷如何凹陷、平原如何延展，君主尤其需要关注的还有各地河流沼泽的特征。这种知识的用途有两处：首先是学会了解自己的国家，从而更好地懂得如何保卫它；其次，日后如果他需要了解其他必需的事，由于他的地理知识与经验，他很容易举一反三地分析出来。比如托斯卡纳的山脉、山谷、平原、河流和沼泽与其他地区的同类地方，具有相似之处。一个人如果了解了某个地区的地理状况，就容易迅速地掌握其他地区的情况。君主如果缺乏这种技能，也就缺乏一个首领最该具备的素质。因为这种素质能告诉他如何发现敌军,如何选择营地,如何统领军队,如何部署兵力,以及如何借助有利形势围攻目的地。

亚该亚人的君主菲洛皮门[1]曾经备受史学家们的称赞,其中最为他们推崇的一点是,即使在和平时期,他仍在研究战争的方法。当他和朋友们去乡村时,他时常停下来和朋友们探讨:如果敌军出现在那个山头,而我们的军队在这里,哪一方会享有地利呢?应该如何前往应敌,而又不打乱队形?如果我们想撤退,应该怎么采取行动呢?如果敌人撤退,我们应该怎样追击呢?当他和朋友们走在一起时,他会向朋友们提出一支军队有可能遇到的所有情形。他认真听取他们的意见,陈述自己的看法并列举理由加以论证。如此一来,由于他能坚持不断地深谋远虑,如果战争来临,没有任何情形能出乎他的意料。

但是,为了训练思维,君主还应阅读历史书籍,并且研究历史上伟大人物的所作所为,看看他们在战争中是如何行事的,考察他们得失成败的原因,以便趋利避害。而最为重要的是,他自己的所作所为应当效仿那些昔日的伟大人物。君主要选择一个享有很高声誉、受人称赞的前人作为自己的

---

[1] 前252—前183,古希腊著名军事将领。被作家普鲁塔克(Plutarch)称为"最后的希腊人"。

榜样,时刻将他们的成就和事迹铭记于心。据说,马其顿国王亚历山大大帝就是效仿古希腊的阿喀琉斯[1],罗马的恺撒效仿亚历山大大帝,西庇阿[2]效仿波斯王居鲁士。任何人如果读过色诺芬所撰写的居鲁士的生平,就会从西庇阿的生平中看到他由于效仿居鲁士而获得怎样的殊荣,还会看到在纯洁、和蔼、仁慈和宽宏大量方面,西庇阿同色诺芬所描述的居鲁士的特征是多么一致。明智的君主应遵循这一类方法,并且在和平时期也绝不无所事事;相反,他应该利用这些时间努力为不利时期准备好可以利用的资源。这样,当运气变幻时,他对命运女神的呼啸已做好了防御的准备。

---

[1] 荷马史诗《伊利亚特》中的半神英雄。海洋女神忒提斯(Thetis)和英雄珀琉斯(Peleus)之子。在特洛伊战争中,他杀死了特洛伊第一勇士赫克托耳(帕里斯的哥哥),使希腊军团逆转了胶着多年的战争,迅速走向胜利。

[2] 大西庇阿(约前236—前183)。古罗马统帅。在第二次布匿战争中,他是罗马的主要将领之一,以在扎马战役中打败迦太基统帅汉尼拔而闻名于世。

第三部分
马基雅维利的革命性与善恶兼具的君主

陈华文　任剑涛

第十五章

第十五章至第十九章可以看作一组文章,都在回答君主为何应该善恶兼具。这组论文是《君主论》甚至是马基雅维利全部著作中最具革命性和争议的内容。他自己对此也有高度的自觉。第十五章属于宣言性质,他认为君主本就不可能完全拥有所有传统美德,这是人类的条件所决定的,而恶行却可视其是否导致亡国而决定避免或保留。美德是有限的,因为人类是不完美的;恶行是可以保留的,因为这是政治所需要的。道德与政治的地位完全被扭转过来了,道德不再是政治的目的,政治反而成了道德的条件。

第十六章至第十八章

第十六章至第十八章分别讨论了几种最重要的品质:慷慨或吝啬、仁慈或残酷、守信或食言。慷慨是马基雅维利在第十五章罗列的美德清单上的首要品质。由于慷慨必不可免地带有某些奢侈的性质,所以君主经常为保有慷慨之名而耗尽财力,他们不得不横征暴敛进而招致民众仇恨。若意识到如此后果而开始节省时,那就会被认为是吝啬的。因此，慷慨的结果是得到吝啬之名。相反，节约的君主收入丰盈，能够建功立业却不加重民众负担，这样就会逐渐获得慷慨之名。慷慨和吝啬之间，存在着一定的转换关系。不过，即便如此，马基雅维利也没有说君主必须始终节约。慷慨还是节约，取决于消耗的钱财是谁的。如若是君主的或民众的钱财，君主应该节约；如若是其他人的，那么就必须慷慨。慷慨并不永远都是应该追求的，但只要是慷他人之慨就不应该浪费获得慷慨名誉之良机。慷慨还是吝啬，对于君主而言，其实无关紧要。重要的是，作为君主，不应该被轻视和憎恨。这才是处理权力关系的核心要义。马基雅维利这里对民众基础的重视与第九章主张抛弃贵族、亲近民众的建议是一致的。

关于仁慈或残酷，马基雅维利的观点也大体如是。残酷能带来政治秩序，这再度表明马基雅维利认为建立政治秩序非常重要而且极其艰难，不得不采取一些非常手段。恶行也由此被接纳进来，这对于新君主而言更是如此。君主的行动应着眼于稳定的权力关系（包括团结的臣民关系），而不是自己在传统意义上的道德名声。这就意味着，政治行动有其自身的出发点和逻辑。马基雅维利从人性论的角度解释了君主为何应被人畏惧而非被人爱戴：利益会冲淡甚或摧毁维系爱戴的恩义之情，但畏惧却会让人因为害怕受到惩罚而维持恩义。此为有效的真理和现实。因而，畏惧之下的关系网络才是稳定和可预见的，这样的君臣或君民关系才是基于君主自己的意志（而不是受制于他人），从而能保证行动的有效性。基于同样的原因，马基雅维利补充说，君主被人畏惧的同时要避免招致仇恨。同样，在使人畏惧和受人爱戴之间也存在前面吝啬和慷慨之间的转换关系。马基雅维利以汉尼拔为例,认为如果汉尼拔只有能力却不残酷的话,那么他在士兵心目中不可能是既可敬又可畏的。

第三个具体被讨论的品质是守信。这一论题引起了更大的争议和批评。关于慷慨和仁慈,他的论证多少还能让人接受。一是道德的脆弱性,人无完人,尤其是政治之艰难,倒是容易理解。二是善恶之间的转换,马基雅维利认为吝啬其实最后也会被认为是慷慨的,其本意也是为了民众。这些说法总体上还是能够获得一定程度的理解。但是,在第十八章中,他直接阐明君主应能够运用"野兽之道",而且善于伪装。世上有两种斗争方法:运用法律和运用武力。前者属于人类特有的方法,后者则属于野兽的。君主应通晓二者。这也是古人的教诲,在古人的叙事里,英雄和许多君主以半人半马的喀戎为导师。这是马基雅维利在全书唯一一处谈到君主的导师。但显然,马基雅维利对这个故事的关注点不同于传统,他不关注原故事里涉及的虔诚,而是纯粹强调传授者的半兽特征。混入人性的是兽性而非神性。喀戎在希腊神话里象征智慧和力量,所以,马基雅维利希望君主懂得野兽之道,而且同时要效法狮子和狐狸。前者勇猛,可以抵御豺狼;后者聪明、狡诈,善于欺骗,也善于识别陷阱。对狐狸的强调预示着马基雅维利很快要转入他关于欺骗和阴谋的论述。

在着重论述阴谋之前,马基雅维利先行讨论了虚伪和欺骗的问题。君主在必要时不得不作恶,但必须学会掩饰恶行,而且要显得具备传统意义上的美德。因为,对于马基雅维利而言,人是单纯的,会执着于道德的幻象,因而君主要表现出具有道德的样子。即便是做做样子，那也表明民众对君主的约束。虚伪的问题可转而成为对君主的驯服问题。《君主论》虽然通篇看似都在谈论君主如何更好地获得并维持其权势，但马基雅维利就此提出的方式和行动规则，又何尝不是对君主的收束和驯服？只不过，这种收束的来源不在于道德本身，而在于政治关系。道德或者传统上值得被称赞的品质究竟是什么，君主是否真正具备这些德行，都不是重要的问题。重要的是，民众相信这些。也正因如此，懂得运用诡计的君主，最终会征服那些遵守信义的人。

第十九章

本章重申了这部分的总纲：君主必须考虑怎样避免受到憎恨与蔑视。这是君主维持其权势的关键。这条总纲总体上能够解释前面几章的内容，慷慨（其实是奢侈）会导致憎恨，做出传统意义上的恶行会被轻视，所以君主在强硬的同时也应该懂得伪善。善恶兼具，实际就是避免受到憎恨与蔑视的法宝。只是这个"善"的关键在于让民众以为如此即可，恶行则不能让民众发现。

作为全书最长的一章，论阴谋是本章的核心。马基雅维利在《李维史论》中对阴谋的讨论也是全书最长的。阴谋影响到政治秩序的稳定，带有伪装的性质，不易被察觉，这正是君主要认识和避免的陷阱。总体上，他用前面提到的总纲来解释君主应该怎样避免阴谋：君主应该使人们以为自己卓越不凡而受到敬重，避免受到民众的憎恨。他再次说明有两件事情是君主为避免被憎恨而坚决不能做的：贪婪和霸占臣民的财产及妇女。他的结论是：君主如若能让人民心悦诚服，是不需要担心任何阴谋的；君主如若让人民对他抱有敌意，那么他对任何一件事，对任何一个人都必然提心吊胆。以今天政治学的话概而言之，君主不再是合法性本身，也不能依自然获得合法性，他要靠自己赢得合法性。君主经历了从"自然"到"新"的转换，其"新"不只在于国土之新，也不只在于其所创建政治秩序之新，更在于其服膺的政治伦理之新。

马基雅维利在本章再次提及贵族与平民，与第九章亲近平民的建议略有不同。他认为君主应该妥善处理好二者的冲突，不能顾此失彼，引起任何一方的敌意和憎恨。这是大多数国家君主要妥善处理的冲突，但是罗马帝国时期的皇帝还要面对军队和平民的冲突：平民酷爱和平，喜爱温和谦逊的君主；而军队崇尚武力，喜欢具有尚武精神、残暴贪婪的君主。他据此将从马可到马克西米努斯的罗马皇帝们分为三类：第一类仁爱善良、温和谦让、热爱正义、厌恶残暴（马可、佩蒂纳克斯和亚历山大）；第二类正好相反，残酷、贪婪、伤害平民（康茂德、塞维鲁、安托尼努斯·卡拉卡拉和马克西米努斯）；第三类卑鄙（埃拉伽巴路斯、马克里努斯和尤利安努斯）。他着重讨论了前两类：大多数皇帝都因为其单一的脾性而受军队或平民的憎恨，最终被杀害。唯有马可和塞维鲁，由始至终都能获得荣耀。马可是因为世袭继承王位，不依靠军队也不依靠平民，而且一直使军队和平民各安其分；塞维鲁通晓"野兽之道"，善于效法狮子和狐狸，使平民恐惧而军队敬重。因此，一味迎合某种脾性，无论是善行还是恶行都会招致憎恨。在这点上，善行与恶行没有区别。只有通晓"野兽之道"，善于变换的审慎君主才能获得永远的荣耀。

第十五章

论世人特别是君主受到赞扬或非议的原因

现在有待探讨的，是君主对待臣民和朋友应采取的原则。据我所知，曾有许多人就此话题写过文章，今天我也提此话题，恐怕会被人认为是狂妄自大，尤其是在论述时我和他们的观点将有所不同。但是，我写东西的目的是帮助那些能理解它的人，我觉得最好如实论述一下事情的真相，而非凭想象空谈。许多人曾描述过的共和国和君主国，要么没人知晓，要么没人见过。因为人们的实际生活离人们应该如何生活十分遥远，所以如果一个人无视现实而去做那些"应该做"的事，那么，他的毁灭会比他的存活来得更快。因为一个人如果想完全按照自己的职业道德行事，很快就会遭遇许多恶人，其中有的恶人能毁灭他。

所以，一个君主如果想要保持住自己的位置，就必须知道怎样做不符合道德的事，并且能视事件必要性而抉择是否使用这一手段。为此，我们把关于君主的那些想当然的部分暂且抛开不论，而只探讨那些真实存在的情况。我认为一切人——特别是君主，因为他身居高位——在被他人评论的时候，都会明显地具有某些受人赞扬或遭人非议的品质。因此，有的人被认为是慷慨的，有的人则被认为是吝啬的（这里是借用托斯卡纳语的说法，因为在我们的语言里，贪婪还可以指通过掠夺占有他人财物，而我们说的吝啬是指不愿过多使用自己的东西）；一个人被誉为乐善好施，另一个人被认为贪得无厌；一个冷酷残忍，另一个心慈性善；一个言而无信，另一个一诺千金；一个软弱怯懦，另一个勇敢果断；一个和蔼可亲，另一个倨傲自大；一个淫荡好色，另一个纯洁自重；一个诚实可鉴，另一个狡猾奸诈；一个生硬呆板，另一个平易近人；一个成熟稳重，另一个浮躁轻佻；一个信仰虔诚，另一个信仰泯灭；等等。我相信每个人都认可，如果君主表现出上述那些被认为是优良的品质，就是值得褒扬的。但是，由于人类自身条件有限，他们既不可能拥有全部优良品质，也不可能始终保持它们。所以君主要足够精明、谨慎，他得知道如何避开那些能使自己亡国的恶行；如果有可能，他也应使自己避开那些不会使自己亡国的恶行——

但如果这样做起来有困难，那么他应该毫不犹豫地向恶行投降。还有，如果一些恶行是为了挽救国家，没有他的这些恶行，国家就难以得救，那么君主就不必为这些恶行惴惴不安。因为仔细考虑每一件事情，我们会发现某些起初看似是美德的行为，如果君主奉行却会招致自己灭亡；而另外一些行为看似是恶行，可是君主奉行后带来的却是安全和福祉。

第十六章

论慷慨与吝啬

接下来，我们开始讨论上文称为好品质的第一项——"慷慨"。我认为，被人认为慷慨是件好事。但是，如果慷慨的行为并不能给你带来声誉，那么它就损害了你。因为如果一个人忠诚地慷慨行事，但他的行为并不为人所知，他将遭到与慷慨相反的指责。因此，一个人如果想得到人们赋予的慷慨之名，那么他的行为就无法避开奢侈的印象，一个君主往往会因此导致自己的财力最后消耗殆尽。结果，君主为保持住慷慨的名声，不得不过度加重人们的负担，横征暴敛，并且为了得到钱，什么事都做得出来。这样一来，他很快就会遭到臣民的憎恨，并且当他陷入拮据时，谁都不会尊重他。由于他的慷慨行为，他得罪了许多人，赢得的尊重却寥寥无几。因此，无论发生什么危险，他是第一个受到影响并处于危险境地的人。等他意识到这一点，想立即回头时，他会立即背上吝啬的恶名。

君主除非能够承担自己的慷慨行为所产生的代价，否则就不要以慷慨的德行来扬名。所以，君主如果明智，他就不应当介意吝啬的名声，因为随着时间的推移，人们看见他由于节俭而收入丰盈，能够抵御一切来犯的敌人，能够建功立业又不加重人们的负担，那么，人们会越来越认为这位君主慷慨了。因为这样一来，他没有给人数众多的臣民增加负担；而对于那些没有得到他好处的人而言，他是吝啬的，但这部分人数甚少。

在我们这个时代，我们看见只有那些曾经被人称为吝啬的人成就了大事，而其余的人都失败了。教皇尤利乌斯二世凭借着慷慨的美名登上教皇宝座，但后来他向法国国王开战时，却顾不得保持这种名声了。当今的法国国王路易十二发动了多次战争，但是他并没有向他的属民征收额外的赋税，因为他的额外支出来自他的长期节俭。当前的西班牙国王斐迪南假如博得了慷慨之名，他就不可能开创如此的宏图伟业。因此，如果君主承担吝啬的恶名就能够避免掠夺他的臣民，能够保卫自己，能够不因变穷而遭人轻视，能够避免被迫强取豪夺，那么君主就不应该在乎背负吝啬的坏名声，因为这虽是恶德却能使他的统治继续下去。

如果有人说，恺撒凭借慷慨得到了帝国，而且还有许多其他人也因为曾经慷慨或者被认为慷慨，而取得了至高无上的地位；那么我的回答是，要么你现在已经是君主，要么你正在努力成为君主的路上。在前一种情况下，慷慨的行为是非常危险的，必须节约；而在后一种情况下，有个慷慨的好名是必要的。恺撒正是那些渴望在罗马出类拔萃的人之一，但是如果在他达到目标后仍然不加节制地支出，他必定会毁掉自己的帝国。如果又有人回应说，许多带领军队成就了伟大事业的君主，也曾被认为慷慨；我的回答是，君主花费的钱财，要么来自他自己或他的臣民，要么来自其他人。如果是第一种情况（来自他自己或臣民），他应当节俭；如果是第二种情况（来自其他人），他不应该忽略任何表现慷慨的机会。君主带领军队出征，依靠掠夺、洗劫、敲诈和利用别人的财物来维持自己的军队，这种慷慨是必要的，否则士兵就不会追随他了。对于既不属于你也不属于你臣民的东西，你要做个乐善好施的人，就像居鲁士、恺撒和亚历山大所做的那样。因为你慷他人之慨，这不但不会损害你的名声，还会使你美名大增；只有挥霍你自己的财物，才会损害你自己。

世界上再没有什么比慷慨消耗得更迅速的东西了，甚至于在你慷慨行事的同时，你正失去慷慨的能力——不是陷入贫困以致遭人轻视，就是为力图避免贫困而变得贪婪和遭人憎恨。君主应把自己保护好,他的头等大事就是避免被人轻视和憎恨,而慷慨的德行往往会给你带来这两种恶果。因此,明智之君宁肯被人指责为吝啬,因为它虽然名声不美,但还不至于给君主招来憎恨;君主追求慷慨的名誉,必然招致贪婪之名,而贪婪之名会同时招来坏名声和人们的憎恨。

第十七章

论残酷与仁慈，以及受爱戴和被畏惧哪个更有利

下面接着谈前文提及的其他品质。我认为，所有的君主都希望被人视为仁慈而非残酷的。然而，君主必须注意，不可滥用这种仁慈。公爵切萨雷·博尔贾被认为是个残酷的人，然而，正是由于他的残酷罗马涅才能恢复秩序，得以统一，并且重建其和平和忠诚。如果我们客观公正地考虑，应看到博尔贾比佛罗伦萨人要仁慈得多。那些佛罗伦萨人，因为避讳残酷之恶名，结果允许皮斯托亚被毁灭[1]。因此，一个君主如果要保持他的臣民同心同德，就不应该在乎残酷的恶

---

[1] 1502—1503年，坎切列里（Cancellieri）和潘恰蒂基（Panciatichi）两派之间斗争时，佛罗伦萨的统治者采取无视态度，导致皮斯托亚遭到了掠夺与破坏。

名。除了极少数情况，一个残酷但有作为的君主，比那些仁慈但使国家陷入混乱、凶杀和劫掠纷起的君主，其实要仁慈得多。因为后者往往会危害到全体人民，而有残酷之名的君主，因执行刑罚而损害的只不过是极少数人而已。

在所有的君主当中，新君主想避免残酷恶名是最不可能的，因为新建立的国家总是危险重重。为此，维吉尔（前70—前19，古罗马诗人）借狄多（希腊传说中迦太基的建国者）之口，把他统治的残暴归因于国家的新建，说道：

严峻的形势，崭新的邦家，
命我森严壁垒，警戒着海角天涯。[1]

但是，君主不应轻信他人或是鲁莽行动，也不应表现出惶恐惊慌，而应谨小慎微，慈悲为怀，应避免因过于自信而鲁莽轻率，也应避免因过分猜疑而心胸褊狭。

就此一个问题产生了：受人爱戴比被人畏惧好呢，还是被人畏惧比受人爱戴好呢？答案当然是两者兼备最好。但是，把受爱戴和被畏惧这两者集中在同一个人身上却是难乎其难。当一个人必须在两者中做出取舍的时候，那么，被人

---

[1] 此译文转引自：潘汉典译《君主论》，商务印书馆，1985年，第79—80页。

畏惧要比受人爱戴安全得多。总的来说，人的本性就不好，因为他们总是忘恩负义、反复无常、弄虚作假、怯懦软弱、生性贪婪。当你成功时，他们是你的臣民；当你远远不需要他们时，他们表示愿意为你流血，奉献自己的财产，牺牲自己的生命，牺牲他们的孩子；而当你濒临危险时，他们又选择背叛你。如果君主完全相信他们那些承诺因而忽略其他防范措施，他就会灭亡。因为那种靠钱财买来的友谊肯定不如通过伟大高尚思想赢得的友谊稳固，在你需要的时候完全不能指望它。比起伤害自己畏惧的人，人们在伤害自己爱戴的人时，较少有顾忌。因为爱戴他人是由于自身卑微，爱戴由恩义的纽带维系，而人们会随时为了自己的利益斩断恩义的纽带；畏惧则是由于人们害怕被惩罚，所以就会一直保持，难以中断。

不过，君主如果想让人畏惧自己，应当采取这样的方式：即便不能赢得人们的爱戴，也一定要注意避免遭人憎恨。要想做到被人畏惧但是不为人所憎恨，对君主来说并不难，只要他不侵犯他的市民和属民的财产，不碰他们的妻女，他就办到了。但是，如果他不得不夺取某个人的生命时，他就必须有适当的辩解和足够的理由。但最重要的是，他绝不能染指他人财产，因为人们忘记自己父亲的死，比忘记遗产的损失还要快。再说，君主想夺取他人的财产，很容易找到借口。一个人一旦开始以抢劫为生，就不难找到夺取他人东西的口实。但是，要找一个夺人性命的理由就不容易了，而这种机会又转瞬即逝。

当君主亲率庞大的军队出征时，他绝对不能在乎自己有残酷之名。因为如果他没有残酷之名，他就别想保证军心团结，士兵能争相执行任务。在汉尼拔[1]的壮举中有这样一件事：他带领一支由多民族士兵混合而成的庞大队伍，在外国的领土上作战，无论他处于幸运还是厄运，在士兵当中或者士兵与君主之间都不曾发生过任何纷争。原因无他，仅仅在于他残酷无情并且能力超强，这使得他在士兵们眼中既可敬又可怕。如果他仅具有能力而不够残酷，那么他做不到这一点。那些目光短浅的史学家，一方面赞扬他所取得的成就，另一方面却又非难他的残酷。假如汉尼拔只有能力而不够残酷，他就不足以成就大业，因为只有其他美德对他来说确实是不够的。这一点我们可以通过西庇阿的事例加以证实。西庇阿不仅在他所处的时代，甚至在整个历史上都称得上是位杰出人物。然而，他的军队却在西班牙背叛了他。原因无他，正是西庇阿过分仁慈，他所给予士兵的自由超越了

---

[1] 汉尼拔·巴卡（Hannibal Barca，前247—前183），迦太基统帅、行政官，军事家。其生长的时代正逢罗马共和国崛起时，他多次以少胜多重创罗马军队，至今仍是受后世关注的重要军事战略家。

军纪所容许的范围。为此，他遭到了元老院中法比乌斯·马克西姆斯的斥责，称他是罗马军队的败坏者。洛克里人受到了西庇阿派出的一个代理人的摧残，但是西庇阿并未替他们主持公道，也没有惩罚代理人的横行霸道。这一切完全是西庇阿性格温和使然。为此，元老院中有人想为他辩解，于是说，许多人知道怎样不犯错误，但是不知道如何纠正别人的错误。假如西庇阿继续以这种方式担任统帅职位，他的这种性格早晚会葬送掉他的名声和荣誉。但由于元老院对他的监督，他这种有害的性格不仅没有使他成为众矢之的，相反，还为他带来了好声誉。

现在，回到受爱戴还是被畏惧这个问题上来，我的结论是，人们对于君主的爱戴是基于自己的意志，而对于君主的畏惧则基于君主的意志。因此，英明的君主应当确保自己的执政之基是自己意志而非他人意志，只是要注意——正如前面所言——君主应努力避免被人憎恨。

第十八章

论君主的守信之道

所有人都承认,如果君主能信守承诺,生活正直,不要诡计,会是一件多么值得称赞的事。但根据我们的经验发现,那些建立过丰功伟绩的君主几乎不会守信,而是懂得耍花招、玩阴谋诡计以使人晕头转向,最终他们战胜了那些诚实守信的人。你必须知道,世界上有两种斗争方法:第一种是通过法律,第二种是通过力量。前者是人类首选的手段,后者则是野兽特有的。由于第一种常常有所不足,有时必须借助第二种。因此,对君主来说,懂得如何利用这两种斗争方法是十分必要的。古代作家们早已将这一点形象化地教给君主了,他们描绘了阿喀琉斯以及其他许多君主,如何被交给半人半马的喀戎[1]抚养，他们在它的训练下长大成人。这仅仅是想表达：既然君主的老师是半人半兽，君主就有必要知道如何使用这两种本性（人性和兽性），而且有必要知道，这二者不论缺少了哪一方，另一方都是不顶用的。假如君主必须采用野兽的方法，他应该选择狮子和狐狸。由于狮子难以防范陷阱，而狐狸抵御不了狼群，因此君主必须同时做一只能发现陷阱的狐狸和一头能吓退狼群的狮子。那些仅仅依靠狮子的人，往往不理解他们面前的是什么。如果遵守信义将会对自己不利，或者当初使自己做出承诺的理由已经不复存在，那么，聪明的君主就不能，也不应该遵守信义。假定人性本质是善良的，这句话或许不适用；但由于人性本恶并且他们也没打算对你信守承诺，你便不必对他们守信。君主绝不会缺少借口为自己的背信弃义粉饰和辩护。当代有无数的例子可以证明这一点——许多条约与协议因君主背信弃义而作废或无效——最会做狐狸的人获得了最大的成功。

但是，君主有必要知道如何掩饰这种兽性，要做一个伟大的伪装者和假好人。人们的头脑总是很简单，而且总受到当前需求的支配，以致那些想要欺骗别人的人，总能找到愿意受欺骗的人。对于最近发生的一个事例，我不想略过不

---

[1] 又译作"凯隆"，是古希腊神话中一个"半人马"的名字。"半人马"的上半身（包括头和上肢）是人形，下半身（躯干和下肢）则是马形。

提：亚历山大六世除了骗人，他就再没做过别的任何事，而且他总能找到可以欺骗的人。因为这世上从来没有人比他更有权力渲染某件事，也没有人比他更能信誓旦旦地肯定某件事，同时也没有人能比他更少地遵守信义。他的欺骗总能如愿以偿，因为他深谙人性的这一面。

因此，君主无须真的具备我所列举过的那些好品格[1]，但有必要表现出具备这些品格的样子。我敢肯定，假如你真的具备这些好品格并按这些品格行事，那对你是危险的；但如果你只是表现出具有这些品格的样子，这些品格就是对你有用的。你要显得仁慈、守信、人道、正直、虔诚，而且还要这样做。但是，你必须同时做好心理准备：当不需要你再表现的时候，你要懂得如何来个一百八十度大转弯。

你必须认识到：一个君主，特别是新君主，不必拥有那些受人们尊重的好品格，为了维持统治，要经常不得不背信弃义、六亲不认、违背人伦、违背信仰。因此，他必须具备灵活的头脑，随时准确根据命运的风向和运气的转变而转变。但是，如我上面说过的，如果有可能避免这样做，就不要背离善德；但如果他被迫背善行恶，那就要知道如何着手去做。

因此，君主应该注意，避免从自己嘴巴里溜出与前文提

---

[1] 见本书第十五章。

过的五种美德不相符的话语，并且注意使那些能看到他、听到他谈话的人，觉得他仁慈、守信、人道、正直和虔诚。君主表现得具备上述最后一项品格，是最有必要的，因为人们一般根据眼睛而非接触来做判断，每个人都可以看见你，但很少有人能够接触到你。每个人都可以看见你表现得怎样，但是只有极少数人能知道你真实情况是怎样的。这一小部分了解你的人，是不敢反对多数人看法的，因为国家最高权威会支持多数人。对于所有人的行为，特别是君主的行为，人们不能提出质疑，只会根据其行为结果做出判断。

因此，能使一个君主征服并保有国家的方法，就会被人们认为是光明正大的方法，君主还会被每个人赞颂。一般俗众往往会被事物的表象和结果所蒙蔽，而这个世界上只有俗众。在大多数人能站得住脚的时候，没有少数人的活动空间。

当代有一位君主，在此我不便指出他的名字[1]，除了宣扬和平和信义，他不宣扬别的，但事实上他对这两者都充满敌意，假如他能信守其中一个，他的声望和王国恐怕早就被人夺走多次了。

---

[1] 指西班牙的斐迪南。在马基雅维利写作本书时，他还活着，马基雅维利显然不便直接点出他的名字。

第十九章

君主应避免被蔑视和憎恨

关于前面提到的君主的好品格,其中一些较重要的我已经讨论过。其余的品质,我想按下述纲要,扼要讨论君主应如何避免被人蔑视和憎恨。如前所述,君主如何避免做那些令他遭人蔑视和憎恨的事,这是君主必须考虑的。如果他能够做到这一点就算尽到本分了,不用害怕其他恶行带来的危险。

正如我曾说过的那样,君主最遭人憎恨的事,一是贪得无厌,二是抢掠他臣民的财物及妻女。君主必须规避这两点。当人们的财物和名誉都没有被侵犯时,大多数人能安居乐业,君主只需要同少数人的野心作斗争,而对于少数人,君主很容易就能制服他们。

如果君主被人认为变化多端、轻浮浅薄、软弱怯懦、品格卑劣、优柔寡断,他就会受人轻视了。君主应该像提防暗礁一样提防所有这些。君主应该在其行为中努力地呈现伟大、英勇、刚毅等特点。在与臣民的私人交往中,他应表现出自己所做的决断不容更改的样子,使人们对他抱有这样的看法:没有人能欺骗和蒙蔽他。

君主若能使人们对他有这种印象,他就会受人景仰、尊重,而受尊重的人不会轻易地遭遇谋反,因为如果人们都认为君主是非常杰出、受人尊重的,无论谁要想攻击他,都会困难重重。由于这个原因,君主应该担忧两件事:一是来自内部,即他的臣民;二是来自外部势力。对付后者,君主可以依靠良好的军队和亲密的盟友来防御,而且,如果君主有好的军备,他总能找到亲密的盟友,除非早有人密谋搅乱局势。即使外部局势混乱,如果君主已经按我说的那样做好了准备,并且能如我所说的那样立身行事,只要他不自暴自弃,他就能如我所提过的斯巴达的纳比斯那样,可以抵御敌人的一切侵犯。

至于来自臣民的忧患,当没有外来忧患时,君主只需要防备臣民暗中策划阴谋即可。正如我们前面已细述过的,君主为了自身安全,要避免遭人憎恨和受人轻视,还要保持人们对他满意,这是必须做的最重要的事情。君主对付一切密谋最有效的办法就是避免被他的人民憎恨和轻视,因为那些反对君主的密谋团伙总是期望通过解除君主的权力来取悦人民。但是，当密谋团伙看到这样做只会激怒人民，他们也就没有勇气这样做了，否则他们将面对无穷无尽的麻烦。正如经验所示，历史上密谋事件很多，但成功者却为数甚少。因为密谋者不会单枪匹马地干，他也不能从他认为对君主不满的人中随便找个同谋者——一旦你向一个心有不满者吐露你的心事，你就给了他一个获得满足的方法，因为他可以通过告发你来牟取个人利益。因此，当他看到站在一边能带来确定的利益，站到另一边则不确定且危险重重，他一定得是你非常难得的朋友或者是君主非常顽固的敌人，才能对你充满信任，肯与你密谋而不告发你。

在此，我将事情简要总结一下。我认为，在密谋者一方，除了焦虑、嫉妒、担心受惩罚的恐惧，再没有别的什么了；但在君主这一方，他有君主的权威，有法律、朋友和国家的保护，再加上人心所向，任何人都不可能轻率地密谋叛乱。同时，密谋者不得不在执行阴谋前顾虑重重，在这种情况下，他不得不担忧其罪行的后果，因为他现在与人民为敌，注定无法逃脱。

关于这个观点的例子数不胜数。但是我只想举证一个，我们的父辈依然记得它是怎样发生的。从前博洛尼亚的君主梅塞尔·安尼巴莱·本蒂沃利（当今的安尼巴莱的祖父），被密谋反对他的坎尼斯基家族谋杀了，他的整个家族，除了年幼的梅塞尔·乔万尼[1]，没有一人能够幸免于难。可是在坎尼斯基的谋杀行为发生后，人民很快就起来把坎尼斯基家族的人全部杀死了。这是由于本蒂沃利家族在博洛尼亚人民心中获得普遍的认同感。虽然在安尼巴莱死后，他的家族中并无幸存者有能力统治这个国家，可是当博洛尼亚人听说在佛罗伦萨有一个本蒂沃利家族的人，而这个人一直被视为铁匠之子，他们就到佛罗伦萨找到他，并且把城邦政府交给他。于是，这个城市就由他一直统治，直到年幼的梅塞尔·乔万尼长大到能够亲政为止。

因此，我认为，如果君主受到人民的尊重，就不必过于担心那些密谋活动。但是，如果君主被人们敌视、仇恨，那他就得处处提防所有人、所有事。因此，秩序良好的国家和睿智的君主们，都非常留意不把贵族逼上绝境，同时保持人民的满意和知足，因为这是君主必须做的最重要的事情之一。

在我们这个时代，法国是在秩序和管理上做得最好的国家。在这个国家里有许多很好的制度，它们是国王的自由和安全的基础。其中最首要的一个制度就是议会[2]及其权威。

---

1 他于1462—1506年统治博洛尼亚。马基雅维利对阴谋的强烈谴责，可能来自他的亲身经历，当时他因涉嫌参与博斯科利（Boscoli）阴谋而被捕并遭受酷刑。

2 parlamento，此处译为"议会"，但这个机构在法国大革命前的职能与现代的议会并不相同。

因为王国的创建者一方面了解贵族们有野心且胆大妄为，认为有必要给他们的嘴巴套个嚼子来遏制他们；另一方面考虑到人民因为惧怕贵族从而憎恨贵族，君主要设法使人民感到安全，而又不让这事做得特别明显。因此，为了避免因为支持人民而遭到贵族责难或因为袒护贵族而遭到人民的非议，他设立了一个仲裁机构，这个机构既打压强者，宽慰弱者，同时又不指责国王。对于国王和王国来说，再也没有比这个更安全、更有效的办法了。从中，我们可以得出另一个重要结论：对于被人指责的事情，君主应当委托他人代理；而那些光彩的事情，则要亲手去做。另外，我认为，君主应该看重贵族，但是不能因此使自己遭到人民的憎恨。

也许有人在研究了罗马皇帝们的生死之后，发现他们中的许多例子可能与我的观点相悖，因为他们看到，在罗马皇帝中有些人行为高尚，并表现出伟大的精神品格，然而，他们却丧失了国家或者被密谋反对他们的下属们杀死。为了回答这些反诘，我将回顾某些皇帝的品格，借以证明他们毁灭的原因和我指出的那些原因并没有不同之处。同时，我将单独讨论研究那个时代的人应注意的一些事情。

我认为，若以那些继承罗马帝位的皇帝为例，上起哲学家马可[1]，下至马克西米努斯[2]就足够了。从马可开始，其中还包括他的儿子康茂德[3]、佩蒂纳克斯[4]、尤利安努斯[5]、塞维鲁[6]和他的儿子安托尼努斯·卡拉卡拉[7]、马克里努斯[8]、埃拉伽巴路斯[9]、亚历山大[10]，最后到马克西米努斯。

首先值得注意的是，在其他君主国，君主只要对抗贵族的膨胀野心和人民的难以驯服就可以了，而罗马的皇帝们还面对第三个困难——军队的残暴和贪婪。这是一件困难重重的事情，多个皇帝因它而走向灭亡，因为要同时满足军队和人民是很困难的。这是由于人民热爱和平，因此他们喜欢性情温和的君主；而军队与之相反，他们喜欢贪婪、勇猛好战

---

1 马可·奥勒留（Marcus Aurelius，121—180），罗马帝国"五贤帝"时代最后一位皇帝，斯多亚学派的哲学家，著有《沉思录》。

2 约173—238，罗马皇帝（任期：235—238），死于自己的军队叛乱。

3 161—192，罗马皇帝（任期：177—192），死时年仅31岁。

4 126—193，罗马皇帝（任期：193年1月至3月），在位仅87天即被叛军杀死。

5 133—193，佩蒂纳克斯被杀后，被立为罗马皇帝（任期：193年3月至6月），在位66天即死于元老院贵族的谋杀。

6 塞普提米·塞维鲁（Septimius Severus，145或146—211），罗马皇帝（任期：193—211）。

7 188—217，罗马皇帝（任期：211—217），死时29岁。

8 约164—218，他于217年谋杀卡拉卡拉成功后，成为罗马皇帝，次年被杀死。

9 约203—222，218年，马克里努斯被杀死，年仅15岁的埃拉伽巴路斯成为罗马皇帝（任期：218—222），222年被杀死时年仅19岁。

10 亚历山大·塞维鲁（Alexander Severus，209—235），罗马皇帝（任期：222—235），死于军队暴动。

的君主，他们希望君主以这种品格对待人民，以便于自己获得双倍军饷，并能满足自己贪婪和残酷的欲望。因此，那些上辈没有遗留下好名声，或者自己无法获得好声誉的皇帝，由于无法同时驾驭军队和人民双方，是注定要被推翻的。他们中的大部分人，特别是那些新登帝位的人，认识到这两方完全相反的本性是解不开的难局，于是只顾满足军队，而不在乎或很少在乎对人民利益的损害。这种做法是不得已的行为，因为君主如果注定避免不了被某些人憎恨，那么他们首先应当避免被所有的人憎恨。他如果做不到这一点，就应该尽最大努力避免遭到那些最有权势的人的憎恨。因此，这些新君主由于毫无经验，需要得到特别的帮助，就容易依靠军队更甚于依靠人民。至于这样做对他们是否有利，要取决于君主是否知道如何在军队中保持权威。

由于上述原因，马可、佩蒂纳克斯和亚历山大这些君主，虽然为人温和谦逊，热爱正义，反对残酷，善良仁慈，但除了马可·奥勒留，都结局悲惨。马可生而孤独，死后荣耀，因为他是依靠世袭权力取得帝位的，他既没有军队，也没有人民，但后来，他具有的许多美德使他获得尊重。当他在世时，他总是同时让军队和人民恪守本分、各得其所，他既没有遭人憎恨，也没有被人蔑视。

但是，佩蒂纳克斯被选立为皇帝却是有违军队意愿的。

这些军队在康茂德时代已经习惯了道德放纵的生活，而现在佩蒂纳克斯想约束他们去过体面安生的日子，这使军队产生了对君主佩蒂纳克斯的怨恨，还因他老迈年高而增加了对他的轻视，因此他执政不久就被推翻了。这里必须注意，善行和恶行一样会招来憎恨。因此，正如我说过的，君主如果想维持自己的统治往往要被迫去做坏事，因为当你觉得你需要一些人的支持——不论他们是人民、军队，还是贵族——在他们腐败堕落的时候，你为了赢得他们，必须投其所好做坏事，以满足他们。这个时候，你的善行将会给你招来祸患。

现在来看看亚历山大吧。亚历山大为人非常善良，以至在人们对他的赞扬中有这么一件事：在他执政的十四年里，从来没有哪个人未经他审判就被处死。然而，他却被认为是一个软弱怯懦、听任自己母亲摆布的人，他也因此被蔑视，于是军队密谋反叛并杀死了他。

现在看一看与上述皇帝们性格完全相反的康茂德、塞维鲁、安托尼努斯·卡拉卡拉和马克西米努斯，你会发觉他们全都是既残酷又贪婪的人。为了满足军人欲望，他们毫不犹豫地对人民采取一切罪恶手段，结果除了塞维鲁，这些人都下场悲惨。塞维鲁骁勇善战，他对军人很好，他虽然镇压人民，但成功地统治着国家。他的英勇使他在人民和军人心中备受尊重，人民对他又惊又畏，军人对他又敬又赞。作为一

第十九章　君主应避免被蔑视和憎恨　127

个新君主，这个人的行为是很了不起的，我想简要概括一下他把狐狸和狮子的特性运用得多么好，而这些特性正如我前文所述，是十分值得君主效法的。

塞维鲁深知罗马皇帝尤利安努斯粗鄙昏聩，便说服自己统领的驻扎在斯拉沃尼亚的军队，让他们认为到罗马去替被罗马禁卫队叛军杀死的佩蒂纳克斯复仇是正当的。在这个幌子的遮掩下，塞维鲁并没有表现出觊觎帝位的野心。他进军罗马，并且在人们得知他发兵的消息之前就抵达意大利。他刚到罗马，元老院就由于害怕而选举他为皇帝，并且杀死了尤利安努斯。之后，塞维鲁一心想成为整个帝国的统治者，他面对两个需要解决的难题：一个问题在亚洲，统率亚洲军队的尼格尔已经自己宣布称王；另一个在西边，阿尔比努斯在那里执政，并对王冠虎视眈眈。塞维鲁认为，如果同时宣布自己对这两个人的敌意，自己会有风险。他决定先对付尼格尔，同时欺骗阿尔比努斯。他给阿尔比努斯写信说，自己已被元老院选举为皇帝，他愿意和阿尔比努斯共同分享帝王权威，并且送给他"恺撒"的称号，此外元老院已经同意阿尔比努斯与自己共同执政。阿尔比努斯对塞维鲁所说的一切信以为真。但是，当塞维鲁战胜并杀死尼格尔，解决了东方事务以后，他回到罗马，向元老院抱怨说阿尔比努斯一点儿也不顾念从自己这里得到的好处，反而背信弃义地想谋杀他，对于阿尔比努斯这种忘恩负义的行为，自己不得不惩罚他。之后，他从法国搜捕到阿尔比努斯，剥夺了他的权力和生命。如果有人仔细研究这个人的行为，就会发现他的身上同时具备了最勇猛的狮子和最狡猾的狐狸的素质，会发现所有人都对他又恐惧又尊敬，而且他没有引起军队的憎恨。毫无疑问，作为一个新君主，他把国家统治得那么好，因为他拥有了至高无上的荣誉，这种荣誉抵消了人们对其暴力行为可能产生的怨恨。

塞维鲁的儿子安托尼努斯也非常杰出，他所具备的卓越品格使他成为众人赞赏的对象并获得了军队的接纳，因为他好战尚武，不辞辛劳，瞧不起一切美食和其他奢侈的享受，这些性格特征使他受到军人的爱戴。然而，他的极端残暴却是前所未闻的，他杀人无数，还屠杀了大量的罗马人，杀光了亚历山德里亚人。于是，全世界都憎恶他，他身边的人也畏惧他，以致他后来被他军队里的一个百夫长杀死了。我们必须留意这种死法，这种因他人的过分绝望而蓄意谋杀造成的死亡，对于君主是不可避免的，因为任何人只要不怕死就可以加害到他。但君主不用太担忧这样的死法，因为这种死法是十分少见的。他只需注意不要严重伤害那些服侍他的人或者在他身边为国效力的臣仆们就行了。安托尼努斯没有在意这一点，他不仅凌辱并害死那个百夫长的弟兄，日常还频繁威胁这个百夫长，却又继续让他担任自己的保镖。结果证明，这位君主这么做是多么鲁莽，最终招来杀身之祸。

下面，让我们说说康茂德吧。康茂德非常容易地获得了王位，因为他是马可·奥勒留的儿子，王位是继承来的。他只需要沿着父亲的足迹前进，使人民和军队满意，即可保有国家。但他生性冷酷残忍，自甘堕落地讨好士兵，纵容他们腐败，以便于自己可以任意鱼肉人民。此外，他还置自己的帝国王位尊严于不顾，下到角斗场，与角斗士格斗，并且还做出与君主身份极不相称的其他卑劣行为。因此，他遭到军队的蔑视。一部分人憎恨他，另一部分人蔑视他，最后人们合谋反叛并杀死了他。

现在，我们讨论一下马克西米努斯的性格。马克西米努斯是个崇尚武力的人，因为军队厌恶亚历山大皇帝女人式的软弱怯懦——我们前文已经提过，他们杀死了他，并选举马克西米努斯坐上王位。然而，马克西米努斯的王位并没有坐太长时间，这是因为有两件事使他遭受憎恨和轻视：一件是他曾经在色雷斯放羊，这使他受人轻视（放羊这件事众所周知，并且每个人都认为这是极为不体面的事）；另外一件是他在获得自己领地统治权时，推迟到罗马继承帝位，却借他委派的行政官之手，在罗马以及帝国其他的地方大施暴行，由此落得极端凶残的恶名。这导致整个世界都转而蔑视他的出身，憎恶他的残暴行径。首先，非洲造反了；随后，元老院和所有的罗马人以及整个意大利都合谋反对他；可能他自己的军队也参与谋反了。接着，他的军队围攻阿奎莱亚，并在夺取它的时候遭遇重重困难，军队恼怒于他的残暴，当他们发现他的仇敌如此之多时，也就不再那么畏惧他，于是杀了他。

我不想讨论埃拉伽巴路斯、马克西米努斯、尤利安努斯等人了，因为他们都完全被人轻视，很快就被消灭了，但我想就上面所说的做个总结。我认为，在我们这个时代，君主要使自己的军队感到满意，所遇到的困难要比过去少得多，因为尽管君主必须在一定程度上关照军队，但遇到困难就能很快解决。因为我们这个时代，没有哪个君主能像罗马帝国那样，需要用军事将领来统治政府，管理地方行政。对罗马帝国时期的君主来说，满足军队比满足人民更为重要，但现在，除了土耳其和苏丹，君主应该优先满足人民而非军队，因为现在的人民比军队更有力量。

我上面提到土耳其国王是个例外，因为他身边经常保持一万二千人的步兵和一万五千人的骑兵，王国的安全和力量都依靠这些军队。因此，皇帝必须和军队保持友好关系，暂时把对人民的考虑抛到一边。苏丹王国的情形也与之相似，国家完全掌握在军人手中，因此，国王也顾不得人民怎样，而必须同军队保持友好关系。但是，必须注意，苏丹这个国家和其他所有的君主国不同，因为它采用类似于天主教的教皇制，既不能称作世袭君主国，也不能称为新君主国。因为前任君主的子孙们并不能做王位继承人，而仅仅保留贵族地位，王位继承人要由那些享有特权者选出来。这是一个古老的传统，新君主即位后这个国家不能被称为新君主国，因为他们不会遭遇缔造新君主国时会碰到的那些困难。此外，虽然君主是新的，但国家的制度却是旧的，而且国家以接纳世袭君主的方式来接纳新君主。

现在回到我们讨论的主题上来。我认为，任何人如果考虑到上述问题就会明白，上述君主们灭亡的致命原因，要么是被憎恨，要么是被蔑视，并且还会明白为什么一些人要如此行事，另一些人要以另一种方式行事，而每一种行事方式里只有一个人得到好结局，其他人却下场悲惨。因为对新君主佩蒂纳克斯和亚历山大来说，想要效仿作为世袭王位继承人的马可·奥勒留，不但是徒劳的，而且是有害的。同理，对卡拉卡拉、康茂德、马克西米努斯来说，仿效塞维鲁则是危险的，因为他们的勇猛远远不足以走塞维鲁的路。因此，新君主不能仿效马可，也没有必要效仿塞维鲁，但是他们应该从塞维鲁那里获得建立自己国家所需要的那些智慧，从马可那里获取恰当而光荣的方法，维持一个可能已经稳定且非常稳固的国家。

第四部分
审慎与君主的谋略

陈华文　任剑涛

第二十章

在接下来的几章中,马基雅维利讨论了几项重要的谋略。比如,君主是否要解除臣民的武装,是否要兴建堡垒,如何才能受人尊敬,如何遴选大臣和避开谄媚者,等等。关于这些问题,就像德行问题一样,没有标准答案。正确的谋略在于具体情况具体分析。

在策略问题上,马基雅维利提出了不同以往的观点。他认为,古人常说:"保有皮斯托亚必须依靠党派之争,而保有比萨则必须依靠城堡。"古人的审慎因地制宜,不同城市的防御策略有所不同。但是,这种策略对于马基雅维利而言,仍然不够审慎。他详细讨论了一系列对策,君主是否要解除其臣民的武装,是否要分而治之才能保有城市,是否可以使用可疑之人,是否应该修建堡垒,等等。

一般而言,马基雅维利强调要武装臣民,全新的国家必须整军经武也是他在前文中一贯的主张。但是,对于混合君主国而言,君主必须解除新加入国家的武装(是否解除武装取决于武装的人是否拥戴自己),武装力量必须掌握在自己或拥戴自己的人手里。马基雅维利的军事思想相当具有前瞻性。

关于党争或分裂，马基雅维利在《李维史论》中认为这是罗马自由的很重要的一个原因。但是，在《君主论》中，他不相信分裂可以作为一条规则。意大利过去由教皇、米兰公爵、佛罗伦萨人、那不勒斯人和威尼斯人统治，保持一定程度的均衡，马基雅维利认为这是对的。但是，当敌人迫近时，分裂就会带来混乱。和平时期和战争时期，分裂有不同的后果。同样地，君主已经习惯于修筑堡垒保全自己。但是，马基雅维利认为如果君主更害怕民众，就应当修筑堡垒；如果更害怕外国人，就不必修筑堡垒。

马基雅维利总体上反对静止理解每件事物或每项战略的价值，而是要根据情势来判断其意义。无论是战略还是德行，在一种情况下是有利的，在另一种情况下则可能是有害的。因而，君主需要具备多种德行，也需要灵活运用各种战略，而不是始终坚持某种德行或战略。在适当的时候做出合适的选择才是正确的，而不是某物某事本身就正确。

第二十一章

怎样才能受人尊敬？对于习惯了马基雅维利主义刻板印象的人来说，这样的问题足以令其感到惊讶。纯粹教人作恶或虚伪，无论如何都是难以获得尊敬的。但是，马基雅维利从来就没有劝导君主不择手段。他仍然希望新君主能得到荣耀，那么获得人们的尊敬自然就成为君主必须解决的问题——尽管不是从道德的角度。

第一条道路是君主要做不寻常之事，树不凡之典范。《君主论》的主题之一就是给君主们提供各种学习的典范，而现在马基雅维利呼吁他的读者要成为典范，即从学生跃升为老师。要成为典范，就要抓住机会做出不寻常的事情。

第二条道路是面对邻国交战，君主要果断公开表示支持谁而反对谁。敌友之分是政治的根本问题，马基雅维利虽然没有完全阐发出这个意义，但是敌友之分的问题在本章讨论最多。马基雅维利区分了两种情况。一种是交战双方中的一国战胜时，君主是害怕的；另一种则是，无论哪一方战胜，君主都是不害怕的。对于前者而言，马基雅维利认为，选择站队总是要好过中立。不表态的话始终会成为战胜国的战利品，也没有任何理由得到援手。表态的话，无论选择正确与否，都不会很差。支持的国家胜利了，那么即便可能会被战胜国支配，但战胜国出于亏欠或者说胜利得不够彻底而无法压迫自己；支持的国家输了，那么就会得到对方的亏欠。值得君主审慎考虑的是第二种情况，因为君主的加入至关重要，这决定了胜负。除非迫不得已，任何一个审慎的君主与一个比自己强的国家联盟都不会是好事。因此，君主所支持的那个国家也会很审慎地考虑是否需要他国的加入。这样一来，就形成了一场博弈论。

在这些选择当中，马基雅维利再一次提出了与第二十章一样的基本原则：没有万全的战略。君主应该认识到各种可能性，意识到各种战略的不利之处，两害相权择其轻。君主通常是艰难的，他很难有幸体验两种善的冲突，更多体验的是两种恶的权衡。

第二十二、二十三章

君主要审慎选择的另一件重要事情是遴选良臣和避开谄媚者。良臣对君主的辅佐作用倒不是马基雅维利要强调的内容，而是这能给人们留下一种君主很明智的印象,因为人们是通过观察君主身边的人来判断君主的能力的。审慎本身首先是一种判断力,能够鉴别出他人言行之好坏,识别出善恶。马基雅维利甚至还为君主提供了如何判断良臣的依据:大臣更应该考虑君主的事而不应该想着他自己的利益。回想起马基雅维利在《献词》部分陈情恳切——要把他认为最珍贵的东西献给君主,以及他在第十五章中提到的自己所发现的是一条揭示出来就会招致訾议的真理,即马基雅维利宁愿承担万世骂名也要将他所发现的有助于君主获取和维持自己权势的奥秘献出来,他在这里毫无疑问是在告诉读者,当然更有可能是他所期待的君主:他,马基雅维利,是良臣。

但是,在马基雅维利看来,由于人很容易自我满足和自欺欺人,君主很难避免谄媚者。这里还有另一个更麻烦的问题,要避免谄媚者就需要君主不惩罚敢于说真话的人,但这样又容易减少人们对君主的尊敬。缺乏人们的尊敬,对君主来说是更大的麻烦。为了解决这个矛盾,马基雅维利提供了第三条道路:单独给予某些人就君主所咨询的事情自由发言的权利。这些人拥有讲真话的自由权,但条件也仅限于君主向他咨询时,而且除了这些人,君主就不应再听取别人的话。君主应当经常咨询,还必须认真聆听;但是,咨询的主动权在君主而非他人的手里,即对于君主没有主动咨询的事情,他还应当有能力让任何人都没有提意见的勇气。归根到底,君主如若不是审慎的人,聆听任何意见都没有意义,他如若将自己托付给他人,除非运气好,碰上一个审慎的人,否则他自身难保。马基雅维利实际上给他所希冀的君主提出了更高的要求:一个审慎的、有判断力的君主。

第二十章

论城堡及君主日常措施是有益的还是有害的

为了能安全地维持国家统治，一些君主解除了他们属民的武装，另一些君主则用派系斗争来分散下属城市的精力；一些君主给自己树敌，另一些君主则竭尽全力争取那些在统治初期不被信任的人；一些君主修建城堡，另一些君主则推倒或摧毁城堡。尽管一个人很难就上述这些事情给出最后的定论，除非他能掌握采取过相关措施的国家的详细情况，但我还是想在这个问题本身所允许的范围内泛泛地谈一谈。

从来没有一个新君主会解除他属民的武装，他宁愿在发觉属民没有武装的时候，把他们武装起来。因为通过武装属民，这些武装力量会变成你的力量。那些从前不被信任的人会变得忠诚，而那些原来忠诚的人会继续忠诚，你的属民成为你的追随者。但你不可能把所有属民都武装起来，那些被你武装的人会感觉受到恩惠，那么你就能更好地控制其他人了，因为他们都非常清楚他们在待遇方面存有差别，这使得前者成为你的依靠，而后者也认为有必要给那些承担最大危险和最大责任的人以更多的奖赏，因此理解你。但是，当你解除属民武装的时候，你会立即得罪他们，因为这表明你不再信任他们了，要么是因为他们的怯懦，要么是因为他们缺乏忠诚。这两种想法中的任何一种，都会滋生他们对你的怨恨。而且，你不可能一直没有武装，你后来转向雇佣军，这种军队的特征已经昭然若揭。即使雇佣军本身优良，也不足以保护你抵御住强大的敌人和被你怀疑的属民。因此，正如我所说过的，新建成的君主国里的新君主总是整军经武，历史上充满这样的事例。而当君主获取一个新国家，使之成为自己原来国家的一个地区时，君主必须解除这个地区属民的武装，除了那些在你攻取这个国家时就已经成为你的拥护者的人；再一次行动，则要把握好时间和机会，对暂时保留武装的这部分人，要使他们软化和变得柔弱；事情必须如此安排，要使得掌握这个国家全部武装的将领，是原来就在你的国家且生活在你身边的近臣。

我们的先辈们以及公认的智者经常说，保有皮斯托亚必须依靠党派之争，而保有比萨则必须依靠城堡。怀着这个观念，他们在某些附属城市里豢养纷争，以便于可以更容易地保有它们。从前的意大利处于一种力量均衡的状态，这种方法在那些日子里是非常有效的，但是我认为这种方法在今天已经不再是适用准则，因为我不太相信这种方法能一直有用。而最为确定的是，当敌人到来的时候，你会很快丧失那些陷于分裂的城市，因为势力较弱的派别往往会借助外来势力，而其他派别没有能力抵抗。我认为，威尼斯人就因这些理由，在他们附属城市里培植了格尔夫和吉伯林这两大派别；虽然威尼斯人从未让这两派发展到流血冲突的地步，却不断在他们中间培育各种分歧，以使人们被这些纠纷分散精力，而难以团结一致地反对君主。正如我们所看到的，结果没有像期待的那样发展，在维拉战役之后，有一派立即一鼓作气，迅速夺取了国家。结果，这种在附属城市制造纷争的方法，表明了君主的软弱无力。因为一个生机勃勃的君主国，绝不允许派系林立。这种方法仅仅在和平时期有用，有利于君主更容易地管理属民，一旦战争来临，这种方法就被证明是错误的。

毋庸置疑，当君主克服了他面对的各种困难和各种反抗障碍时，他就变得伟大。因此，当命运女神垂青一位新君主，想让他成为伟大人物时，由于新君主比世袭君主更加需要获得好名声，命运女神就会给他树立敌人并使他们设计反对他，以使新君主有机会战胜他们，并借着敌人为他竖起的梯子，登上更高的山峰。由于这个原因，不少人认为一个睿智的君主应该找机会给自己培育一些反对力量，然后消灭他们，这样他的声望将会升得更高。

  君主尤其是新君主，现在已经发现，那些在他统治初期曾被他认为可疑的人，现在要比那些当时他曾信任的人，更加忠诚、更为有用。锡耶纳的君主潘多尔福·佩特鲁奇在治理国家时，他所任用的人当中，从前得不到他信任的人的数量，要多于那些从前得到他信任的人的数量。但在这个问题上，我们不能一概而论，因为事情会因具体情况而异。我只能这么说，那些在君主统治初期被视为怀有敌意的人，如果他们需要借助君主的支持来保持自己的地位，君主可以十分容易地争取他们，这些人会带着忠诚紧密地服侍君主，因为他们知道，他们十分有必要以实际行动来消除君主对他们的坏印象。君主因此从他们那里得到的利益往往要比从其他人那里得到的利益更多，因为后者过于安稳地侍奉君主，可能会不重视他的事情。由于情形所需，我不能不提醒那些通过当地人的秘密支持而获得新国家的君主，他必须认真考虑是什么原因促使那些支持者这么做。如果他们这么做并不是出于对新君主的天生好感，而仅仅是出于对前政府的不满，那么君主继续和他们保持友好关系，会有很大的麻烦和困难，因为不可能让他们满意。仔细衡量这件事情的原因，以古代和当代的事件为案例，我们可以发现，君主和那些因为满意前政府而成为自己敌人的人化敌为友，比和那些因不满前政府而拥护自己并支持自己夺权的人成为朋友，要容易得多。

为了更稳固地保有国家，君主的一个习惯做法就是修建城堡，这就像给那些可能密谋起事反对他的人套上个辔头和嚼子，同时把它作为首次被攻击时的避难所。我欣赏这种做法，因它自古就有用。然而，在我们这个时代，我们已经目睹了梅塞尔·尼科罗·维泰利为了保有国家而摧毁了卡斯特洛市的两座城堡；乌尔比诺公爵圭多·乌巴尔多一回到他曾经被切萨雷·博尔贾驱逐出去的领地，就立即把这个地区的所有城堡夷为平地，他认为没有了这些城堡，要想从他的手中夺走国家就会变得更困难；本蒂沃利返回博洛尼亚后也采取了相似的做法。因此可以说，城堡对君主是否有用，要视具体情况而定，假如它能以某种方式给你好处，也会以另一种方式损害你。因此，这个问题可以理性看待：如果君主对人民的畏惧超过对外国势力的畏惧，那么他就应该修建城堡；如果君主害怕外国势力超过害怕本国人民，那么他应该抛弃城堡。弗朗切斯科·斯福尔扎在米兰所修建的城堡，已经给他的家族带来损害，并且这损害还将继续产生。城堡给斯福尔扎造成的损害，甚丁国内其他所有骚乱带米的损害。

所以，君主最好的城堡就是不被人民憎恨。因为如果人民憎恨你，城堡也挽救不了你，一旦有人拿起武器反对你，永不缺少想帮他的外国势力。在我们这个时代，还没有见过哪位君主从自己的城堡得益，只有福尔利伯爵夫人在她的配偶吉罗拉莫伯爵被杀死后的情况例外。因为借助城堡的保护，她解决了来自民间的冲击，并且等来了米兰的援助，从而恢复了她的国家，当时事态的发展使得外国势力没办法支持那些人。但是，当后来切萨雷·博尔贾进攻她的时候，那些与她为敌的人民和外部势力结盟，城堡就对她几乎没有了价值。因此，对福尔利伯爵夫人来说，不论是在当时还是在以前的处境下，不引起人民的憎恨要比修建城堡来得安全得多。考虑了所有这些之后，我既称赞那些修建城堡的君主，也同样称赞那些不修建城堡的君主，我还要斥责那些对城堡作用深信不疑，却对人民的憎恨毫不在意的君主。

第二十一章

论君主如何自我经营以赢得尊敬

世界上能使君主赢得人们更大尊敬的事,莫过于建立丰功伟业和做出卓越的范例了。在我们这个时代,有一个例子——阿拉贡国王斐迪南,即现在的西班牙国王。他几乎可以被称为一个新君主,因为他凭借赢得名望和荣耀,从一个无足轻重的小君主一跃成为基督教世界中首屈一指的国王。如果你分析一下他的行为,就会发现全都很了不起,而且其中一些堪称卓越非凡。他在执政初期就攻取了格拉纳达,这奠定了他的国家的基础。开始时,他把这件事情做得悄无声息,因此不担心任何阻挠。他使那些卡斯蒂利亚的贵族满脑子想的都是战争而不考虑任何革新的事情。因此他们没有意识到,斐迪南已经通过这些手段取得了统治他们的权力和威信。他利用教会和人民的金钱维持他的军队,而且,长期的战争为他的军事才能奠定了基础，这支武装力量从此让他声名远扬。除此之外，为了实现更伟大的计划，他总是以宗教为借口，利用宗教的狂热，残酷地把摩尔人从他的王国彻底清除。再也没有比这个更悲惨、更罕见的例子了。他披着同样的宗教外衣，首先进攻非洲，然后回师意大利，最后进攻法国。所以，他的成就和他的计划总是特别伟大，这些使得他的臣民心里始终忐忑不安，又心怀惊叹，并关注着他的战果。他的行动，经常是一个紧接着一个，前一行动与后一行动之间几乎没有间隙，以至人们很难安稳地从事反对他的活动。

再者，在处理内政事务方面，一位君主如果能像传说的米兰的梅塞尔·贝尔纳博所做的那样非同寻常，对统治也是很有帮助的。贝尔纳博一旦发现有人在社会生活方面做了一些非同寻常的事情——不管它是坏事还是好事，都会抓住机会实施一些奖惩措施，引发人们关注。君主要在每一次行动中努力为自己赢得伟大而杰出的声誉，这是很重要的。

一个君主，要么做个真正的朋友，要么做个真正的敌人——当君主开诚布公地宣布自己的立场，支持某一方或者反对另一方的时候，他便会受人尊重。这种做法要比保持中立有利得多。因为，当你的两个强大的邻国交战的时候，肯定会有这样一种结果：如果其中一方获胜，对战胜国，你要么害怕它，要么不怕它。不论将来是哪一种情况，你公开立场并且英勇参战，对你总是更有利一些。因为，在第一种情况下，你因害怕没有宣布明确立场，你将来会成为胜利者的战利品，而战败的一方则感到幸灾乐祸，而且你找不出能让别人来庇护的理由。因为胜利者不需要一个在面临考验时没来援助自己的可疑朋友，而那个战败者更不会给你安全的港湾，因为你过去不愿意拿起武器与他共同战斗。

埃托利亚人派遣安条克进入希腊，以驱逐罗马人。一方面，安条克向罗马人的朋友亚该亚人派去使者，劝说他们保持中立；而另一方面，罗马人则催促亚该亚人拿起武器。于是这个问题被提到亚该亚人的会议上进行讨论。会议上，安条克的使者劝说他们保持中立，对此，罗马人的使节回答："对于他所说的你们的国家不参与我们的战争对你们更好、更有利的说法，真是荒谬至极。因为如果你们不介入战争，你们就会被遗弃，得不到支持和尊重，最终成为胜利者的战利品。"因为事情是这样的：如果他不拿你当朋友，他就会要求你中立；如果他拿你当朋友，他就会恳求你表明立场，拿起武器并肩作战。优柔寡断的君主，为了避免当前的危险，常常会走中立的道路，但往往因此而被人消灭。当君主果敢地宣布自己的立场，支持某一方，如果他所结盟的这一方获胜,也许胜利者很强大,你要听他支配,但是由于他过去得到过你的帮助而对你心存感激,就会和你建立一种友好的关系。而且,他们也绝不会厚颜无耻地欺压你,让自己成为被世人唾弃的忘恩负义的典型。毕竟,胜利不会彻底使胜利者不再有任何顾虑,尤其不会置正义于不顾。如果你所结盟的一方失败了,你仍然可能得到他的庇护,在他有能力的时候他也会帮助你,而且你将成为和他一起东山再起的伙伴。

在第二种情况下,当你对于交战双方中任何有可能取胜的一方都不感到害怕时,你就更需要审慎考虑与哪一方结盟,因为有你的相助,一方灭掉了另一方,如果你明智,就该帮助要失败的那一方。如果你们一起胜利了,他就必须听你的支配,因为没有你的帮助他就不可能取得胜利。君主必须注意:绝不能为了进攻他人而与比自己强大的国家结盟,除非如上所说的由于情势所迫,不得不如此。因为如果你的强大盟友获胜了,你必然会受他摆布,而君主本应该尽可能地避免被人摆布。威尼斯人加入法国阵营,一起进攻米兰公爵,结果最终把自己葬送了,而他们本来是可以避免这个结果的。但是,如果结盟不可避免,就应该像佛罗伦萨人在教皇和西班牙出兵进攻伦巴第时的情形那样,鉴于上述原因,君主必须明确支持其中的一方。

绝不能让任何政府心存幻想，认为能找到万全之策，而应让它预料到自己只能采取一种前程莫测的策略，因为事情往往如此：当你努力避开某种不利时，却无法避免碰上另一种不利。不过，谨慎行事可助你辨别各种不利的实质，从而选择损害程度最轻的那条策略。

君主还必须表明自己是爱才之人，对各行各业的能人授以荣誉。同时，他必须鼓励臣民在商业、农业，以及其他一切职业上安守本分、认真工作。这样一来，这个人不会因为担心财产被拿走而限制财产有所增益，而那个人也不会因为害怕征收赋税而不愿开启贸易。相反，对于任何愿意从事这些事务的人，以及以任何方式努力为城市或国家带来荣誉的人，君主应该给予奖励。

此外，君主还应该在每年适当的时日，使人民欢度节日和盛会。同时，由于每个城市都有各类行会或者集团，君主应该重视这些集团，与它们保持联系，显示出自己既是谦逊大度的典范，又总能保持至高无上的威严，而这一点绝不能因任何事情而有所削弱。

第二十二章

论君主的大臣

选择大臣,对君主来说,没有比这更重要的事了。他们是良臣与否,这要取决于君主的鉴别力。人们对于君主及其能力的第一印象,就是通过观察他身边簇拥的那些大臣得来的。如果大臣们既有能力又忠诚,那么君主会被认为是明智的,因为他知道如何鉴别人才并使他们对自己保持忠诚。但是,如果君主身边的大臣不是这样,人们则会对君主做出不好的评价,因为君主犯的错误就在于用人方面。

但凡知道梅塞尔·安东尼奥·达·韦纳弗罗是锡耶纳国王潘多尔福·佩特鲁奇大臣的人,无一不认为潘多尔福是个卓越的人,因为他能用此人做自己的大臣。人的智力分为三等:第一等依靠自身就可以理解;第二等则能够通过别人的理解进行鉴赏;第三等既不能依靠自身理解,也不能通过别人的说明理解。第一等是最优秀的，第二等算是良好的，第三等则属无用。由此看来，潘多尔福算不上第一等，他属于第二等。他虽然没有自己的创见，但他有判断能力，能区别他人言行好坏，能鉴别大臣良莠，能知道如何奖优惩劣，因此，大臣们就不敢指望蒙蔽他，也就能对他保持忠诚。

关于君主如何鉴别他的大臣，有这样一个屡试不爽的办法：如果你觉察到大臣考虑问题时，他总是考虑自己的利益多于考虑你的利益，这说明他的一切行动都在追求自己的利益，那么这样的人绝对不会是良臣，你绝不能够信任他。因为为人臣子，食君之禄，忠君之事，他就不能只想着自己，而应该总是为君主考虑，而且不该去关心那些与君主无关的事。

另外，为了保证大臣的忠贞不渝，君主应该时常研究大臣，给他荣耀，使他富足，待他友善，与他分享荣誉和分担职责，同时让他明白如果没有君主他就站不住脚。那么，足够多的荣誉令他别无他求，足够多的财富使他不再另有所谋，他身负的重任使他害怕出变故。如果大臣和君主之间的关系处于这样的状态，他们就能彼此信任；如若不然，后果将变成互相伤害。

第二十三章

论怎样避开谄媚者

就这一话题,我不能略去很重要的一部分,因这一部分有可能导致君主的统治陷入难以为继的危险,除非君主们能非常小心谨慎而且有辨别能力。这就是谄媚者,朝廷中这种谄媚者比比皆是。因为人们在自己的事情上如此自满,甚至自欺欺人,这使他们很难抵制谄媚者的流毒损害,而且当他们想要防御这种流毒时,还要冒着被人轻视的危险。因为要防范这种谄媚者,只能是人们讲真话时,你也不会降罪于他们,此外别无他法。但是,人们能够对你讲真话时,他们对你的尊重会随之减少。

因此,睿智的君主应该掌握第三种办法,那就是在他的国家里选出有识之士,授予他们讲真话的权利,但这权利不是无限制的,它只限于君主所询问的事情,也只限于这些人。君主应在每一件事情上都询问他们,并且听取他们的看法,然后得出自己的结论。在和这些顾问的关系上,不管是单独咨询,还是集体问询,君主都应该保持一种姿态,以让他们每个人都知道:他们越敢于自由畅言,就越能受君主青睐。此外,君主只听信他们,不听信别人之言,他就能将自己已决定的事坚持下去,并对自己的决定坚信不疑。如果君主不这么做,他便不是被谄媚者推翻,就是受不同意见影响而频繁变革,结果将被人们轻视不尊。

就这个话题,我援引一个当代的例子。当今皇帝马克西米利安[1]的宠臣卢卡神父在谈及皇帝陛下的时候说,皇帝从来不咨询任何人,但也从来未能按他自己的方式行事。这是因为这位皇帝的做法和上面所说的完全相反:他是一个善守个人秘密的人,既不和任何人交流自己的计划,也不听取他人的任何意见。只是,当他要把这些计划付诸实践,他的计划开始为人所知,并开始遭到周围人们的反对时,他又会轻易地改弦易辙。结果,他某一天决定做的事,到第二天就变更取消,谁也搞不懂他在想什么或者打算做什么,也没有人信赖他的决定。

---

1 1459—1519,神圣罗马帝国恺撒(任期:1493—1519),奥地利公爵,也被称作"马克西米利安大帝"。马克西米利安于1477年同勃艮第公爵("大胆的查理")的独生女玛丽(Mary of Burgundy)订婚,获得尼德兰和法兰西东部边境一带的勃艮第领地。在玛丽死后,他又娶了来自米兰的斯福尔扎家族的坞利业,由此进入意大利政坛。

第二十三章 论怎样避开谄媚者

因此，君主应该常常采纳顾问的意见，不过这只限于他想这么做而不是别人要求他这么做时；在他没有向别人提出问题时，他应该阻止任何人向他提建议。然而，睿智君主应该能做个意见征求者，然后耐心听取他所关心之事的一切意见。而且，当他获悉任何人出于任何顾虑而没有对他坦陈实情，他应让他们感受到他的生气。

如果有谁认为君主能给人以睿智的印象，其实并不出自君主本身的能力，而是通过君主周围那些出谋划策的人，毫无疑问这是他们的误解。因为有这样一条颠扑不破的真理：一个本人不够睿智的君主，不可能采纳好的建议，除非他恰好把自己所有事务完全托付给某一个人，而这个人恰好是个审慎聪明的人。事实上，真要有这样的人，君主确实能把政务管理得很好，但这种情形不会持续多久，因为这个官员很快就会篡权夺国。

当君主因为缺乏经验向多个人征求意见的时候，他不可能得到口径一致的意见，而且他也不清楚如何把这些意见归纳统一。每一个顾问心里想着的只是自己的利益，而君主并不知道如何控制他们或者洞察他们。因为人们只有在受到某种欲望的约束时不得不忠诚于你，否则他们总能被证明是虚伪的。由此，我们得出结论：忠言良语无论来自何处，皆因君主睿智而生；而睿智君主绝非由臣仆忠言而生。

第五部分
命运与意大利的解放

陈华文　任剑涛

至此,马基雅维利对君主的期待达到了最高。无论在德行还是在谋略上,君主都应该准确判断情势要求,选择相宜的行动做出回应。善行、恶行,人道、兽道,狮子、狐狸,都是这变化情势中的选择。只是,这究竟是为了什么呢?为了个人的野心和荣耀,为了民众的自由生活,还是为了祖国的解放和统一?马基雅维利在最后一部分似乎表明了自己的目的:为了意大利的事业。

第二十四章

本章值得注意两个问题。首先是在叙述完意大利的君主们为何丧失了国家后,马基雅维利旋即以马其顿的腓力五世作为正面例子。腓力五世在公元前200年前后曾两次与罗马人作战。在他发动的第一次马其顿战争中,他成功迫使罗马从伊利里亚撤军。但是他输掉了第二次马其顿战争,被迫放弃了他之前多次胜利得到的领土。有些学者以为马基雅维利援引腓力为例是想表明意大利人丧失国家领土是因为罗马人。其次,马基雅维利最后要吁求整个意大利的统一和解放,然而他在本章论述的却是意大利内部割据时各王国的丧失问题。有趣的是，这些王国的失败难道不是正有利于整个意大利的统一吗？对于马基雅维利而言，他关心的国家统一究竟是佛罗伦萨或托斯卡纳地区的统一，还是整个意大利的统一？不过，如果从马基雅维利要提出一般性的政治学说出发，这些问题倒是容易理解了。

第二十五章

马基雅维利的《君主论》总体说明了君主应该根据情势选择相宜的行动，而这至少意味着选择和行动本身是有意义的。这个问题的背后是决定论和自由意志的冲突。关注命运是文艺复兴时期人文主义者的基本特征之一。马基雅维利在这里同样有破有立，他反对传统看法——认为命运和上帝完全支配这个世界，人类的审慎毫无意义。马基雅维利没有这么悲观，他相信自由意志，但也保留了命运在人类事务上的一定力量：命运主宰我们的一半，留下另一半由人类自己支配。因此，《君主论》实际上呈现了新君主以其德行对抗命运的叙事。此外，马基雅维利还有一首题为《命运》的三行韵诗，感兴趣的读者可以找来一读。

马基雅维利使用了大量的比喻，也借此改变了命运的传统形象。命运也从给人们带来富饶收成的善意女神变成了脑壳上有几缕头发的女巫，变得更加变幻不定；但河流、转轮等隐喻也意味着人们是有机会对抗命运的。关键就在于如何未雨绸缪，水渠和堤坝反而成了一个国家的统治者是否审慎的隐喻——他哀叹意大利是一个既没有水渠也没有任何堤坝的平原。他对意大利缺乏一个足够审慎的统治者的抱怨，随着行文将至终篇，也逐渐得到释放。

命运带来变化，这就意味着不同的情势，只有与情势相合宜的行动才会成功。马基雅维利不会单独赞美某项品质和某项战略，对君主的评价从来就不能单就其行动本身而论，还要观察其所处情境，即行动是否与情境相适应。相同的脾性和做法可能会带来相反的结果，而不同的脾性和做法有可能取得同样的效果。同时，也不能根据君主的成功而认为他是有德行的，有些人的品质和行动不过是刚好与情势的要求一致，有如猫追逐线团一样，生来如此。这并非自己有能力识别出情势对具体行动的要求。

第二十六章

无论是为自己的学说寻找托辞，还是真的对自己祖国的热爱胜于自己的灵魂，意大利解放的问题始终是马基雅维利政治学说的一部分内容。但马基雅维利在最后一章转向意大利的解放，从行文逻辑上确实略显突兀。他在第三章讨论路易十二两次失去米兰的原因后，就着手分析混合君主国的新君主是否更容易保有自己新征服的领土。他在第七章对博尔贾的讨论中，惋惜他差点儿就实现为削弱其父亲一旦去世后对自己的负面影响所谋划的四件大事，其中之一就是征服托斯卡纳。这一切都很难让读者认为马基雅维利一开始就着眼于意大利的解放，对法国国王的分析像是为入侵意大利提建议，而博尔贾毕竟成长在西班牙。即便是第二十四章也仍在讨论意大利的君主们为何丧失他们的国家，毕竟如前所述，这些君主丧失他们的国家难道不正是有利于意大利的统一吗？

然而，意大利的处境确实是一次机会。意大利已经沉沦到绝境，没有秩序，内部四分五裂，同时遭受法国和西班牙两个强国的觊觎和蹂躏。西班牙有西西里，而查理八世渴望获得那不勒斯王国。如此绝境是新君主彰显德行的最佳机会，意大利已经为新君主创造新制度提供了各种各样的条件，而这将给新君主带来巨大的荣耀。

谁才是意大利的解放者呢，或者说谁才是马基雅维利所期待的新君主呢？虽然此书是献给美第奇家族的，但马基雅维利仍然表达了对博尔贾的赞美。虽然本章没有直接提及博尔贾的名字，但是根据"他在事业鼎盛时却被命运抛弃了"这个反复出现在博尔贾身上的表述，以及他在前文对博尔贾的赞誉，这个曾经给意大利带来一线希望的人是博尔贾。马基雅维利认为希望只能寄托于美第奇家族了。不过，他显然也没有将美第奇家族视作最杰出的代表。他首先建议美第奇家族效仿他提到的那些典范，并认为那些人物虽然有着奇迹般的经历，但也毕竟是人。其次，他认为只要采取这些典范的做法，实现意大利的解放不是难事。再者，奇迹已降临。这些表达字里行间烘托出的是卓尔不凡的马基雅维利，而非美第奇家族。

不过，马基雅维利最后援引诗人彼特拉克的话语结尾，也多少说明一个共同的意大利梦不只属于马基雅维利自己。

第二十四章

论意大利的君主们为什么丧失了国家

若仔细遵守前面的各项建议，便能让新君主地位稳固得像在位许久的君主，并使他在这个国家的地位，比那些坐得久的人更安全和稳固。因为新君主的行为比世袭君主的行为更受人们密切关注，所以当人民认为新君主颇为能干，他就能够得到更多人的支持，比古老的世袭家族更能把他们维系在身边。因为人们更加关心当前，而不是过去，所以当他们觉得眼下情况良好，就会心满意足而别无他求。而且，如果君主在其他事情上没有辜负他们，他们就将给予君主至高无上的维护。由于君主缔造了一个新国家，并有好的法律、好的军队、好的盟友，还树立了好榜样，使这个国家繁荣昌盛、稳固强大，他就会获得双倍的荣誉。同样的道理，一个世袭君主，如果因不睿智而失去他的国家，他将会遭受双倍的耻辱。

如果我们研究一下当今时代意大利的那些丧失了国家的君主，例如那不勒斯国王、米兰公爵等，我们会发现：首先，由于上述已详细论述的原因，他们的军队都有一个共同的缺点；其次，他们其中的一部分人，或者是被人民敌视，或者是虽然人民对他们友好，但他们却不知道如何庇护贵族们。这些君主如果没有这些弱点，只要有足够的能力掌握一支作战军队，他们就不会丧失自己的国家。

马其顿的腓力——不是亚历山大大帝的父亲，而是被提图斯·昆克修斯打败了的那个人——相比进攻他的强大的罗马人和希腊人，他的领土不多，然而他是一个勇武的人，知道如何吸引人民、庇护贵族，因此他能持续多年抵御敌人。尽管后来他失去了一些城邦统治权，但他仍然保留住了王国。

因此，如果我们的那些君主在享有国家多年以后却丧失了国家，他们不应该咒骂命运，而是应该咒骂自己的粗鄙无能，因为在过好日子的时候他们从不考虑日后有变化（人的共同弱点，就是在风平浪静时不做用以应对暴风雪的任何准备）。等到恶劣天气来临的时候，他们只想着逃走，而不是想着如何抵抗。他们还希望他们的人民在饱受入侵者凌辱之后，能被他们重新召回。在其他的办法都行不通的时候，这个念头也不坏，但是，如果因为只寄希望于此而忽略了其他的应急手段，那就不妙了。没有哪个君主因为相信未来能找到人帮他复辟而甘愿垮台。再说，那种情况可能不会发生，即使发生了，也不会带给你安全，你的防卫是徒劳的，因为你不是依靠自己的力量。只有那些依靠自己力量的防卫，才是可靠、确定和持久的。

第二十五章

论命运如何影响
人世事务及如何抗争命运

  我不是不知道,无数人曾经有过并且仍然持有这样的观点:世界上的事务皆由命运和上帝主宰,人类的智慧不能改变它们,并且没有人可以补救。这使得许多人坚信,对于世事不必过于执着努力,而应顺乎其变。在当今时代,这种观点得到了更多认同,因为世事不断变幻,已经被我们所目睹,并且我们每天仍能继续目睹,而这些远超人们的想象。每当想到这些,我也会在某种程度上倾向于认同这种观点[1]。但是,我认为,我们不能让这种观点消磨我们自由的意志,

---

[1] 据索雷尔的《十八世纪的东方问题》所载,腓特烈大帝习惯说:"人们年纪越大,就越容易相信他的命运之王在这个悲惨世界里主宰了四分之三的事情。"——英译本原注

命运女神只是我们行为的半个主宰者，她把剩下的一半或者略少于一半，留给我们自己去掌控。

我把命运比作一条咆哮奔腾的河流，当它怒吼暴发时，淹没平原，拔树毁屋，推动泥沙移位，人人都飞奔逃逸，屈服于它的暴虐之下，没有丝毫可以抵抗的办法。即使洪水本性如此，我们也不能毫无作为，不能在天气晴好时认为：由于洪水的威力不可抵抗，我们就不必修筑堤坝水道，不必做防护，不需要考虑河水再涨时怎么疏洪导洪。对于命运，境况相同。当我们的力量没有准备好抵抗它的时候，命运就显示它的威力，它知道哪里没有限制它的堤坝和防护，它就会在哪里肆虐。

如果你考虑一下意大利——它既是变动的所在地，也是变动的助力剂——你就会看到这是一个没有任何堤坝和防护的开放的平原。如果当初意大利像德国、西班牙和法国那样有相当的力量来自我保卫，命运洪流的入侵就不会造成如此巨大的变动，甚至根本就不会发生。我概括地谈论了与命运抗争这一问题，说完上述这些已足矣。

但我只想强调一点，一个君主可能今天还优哉游哉，而明天就垮台了，他的性格或其他特征前后并没有什么变化。我认为，这一切的根源正是前面我们讨论过的，也就是说，君主如果完全依靠命运，一旦命运有变化，他就会垮台。我也认为，君主如果使自己的行为顺应时代精神，他就会顺利成功；反之，如果他的行为与时代精神不相符合，那么他就不会成功。因为人们能得到最终所追求的东西——被冠以荣誉和财富之名的那些事物，有不同的实现手段：一个人谨慎小心，另一个人迅捷急躁；一个人采用武力，另一个人则依靠技巧；一个人依靠耐心，另一个人则截然相反。通过不同的方法，每个人都成功地走在通向目标的途中。人们还可以发现：两个同样谨小慎微的人，一个能实现目的，另一个却失败了；同样，两个性格不同的人，一个谨慎，另一个冲动，也都取得了相同的成功。而这些无非取决于他们的行为是否符合时代精神。正是由于我所说过的原因，使得两个人行事方式不同却取得同样的效果；而另外两个人行事方法相似，却一个人心愿达成，另一个人目标失败。

国家领地的增减，也由此产生。因为如果一个人以谨慎和耐心来自我管理，当时局和事态的发展与他的自我管理相契合时，他的财富便得以创造。但是，如果时局和事态发生变化时，他没有及时调整行事方式，他就会遭到毁灭。然而，一个人往往不能充分地知晓如何根据变化进行自我调适，这既是因为他无法摆脱天性控制，也是因为他曾通过某种方式受过益，无法说服自己放弃这种方式会更有益。因此，对一个小心谨慎的人来说，当到了时局转入危险时，他却因不知如何变通而毁灭。假如他能够根据时局变化而及时调整，时局对他就相当于没有变化。

教皇尤利乌斯二世凡事都是雷厉风行，并且总能很好地发现时局和环境条件的变化，行事合宜，所以总能和成功相遇。再看一下他第一次出征对抗博洛尼亚，那是梅塞尔·乔万尼·本蒂沃利教皇在世时。他的举动威尼斯人不赞同，西班牙国王也不赞同，而他与法国国王也没有达成最后的协议。然而，他凭借着自己的果敢和能力，亲自发动了远征。这一行动使得西班牙人和威尼斯人进退维谷、不知所措，后者是出于恐惧，前者则是由于想要重新获得整个那不勒斯王国。另外，他把法国国王争取过来跟随他。法国国王观察到他已经开始行动，并且法国国王想成为教皇的朋友，以便使威尼斯人臣服，于是就发现自己不可能在不损害自身的前提下拒绝给教皇提供军队。于是，尤利乌斯二世凭借他雷霆万钧的行为成就了事业，这样的事业不是其他任何智慧平庸的教皇能够做得到的。假如他像其他任何一个教皇那样，待在罗马等待计划安排妥当，凡事万无一失之后才离开，他就永远不可能成功。因为法国国王会有千百个托词拒绝他，而其他人也会忧虑万千。

我就不谈论教皇的其他行动了，因为它们全部都很相似，也都获得了成功，他短暂的生命并没有让他功败垂成。

但如果境况变化，要求他必须谨慎行事，那他就可能会遭遇毁灭，因为他绝不会摈弃天性使然的方式。

因此，我的结论是，命运总是处于变化之中，而人们的行为方式也总在不断调整，当两者协调一致时，他们就会成功；当两者不一致时，他们就会失败。在我看来，敢作敢为要好过审慎多疑，因为命运就像女人，如果你希望站在她之上，你就必须击败她。我们看见，比起那些行事冷静的人，她更愿意被冷酷敢为的人征服。命运总像个女人那样眷顾年轻人，因为年轻人少了一分谨慎，却多了一分凶猛，能更大胆地指挥她。

第二十六章

劝谏从蛮族手中解救意大利

仔细思考上述话题，我不禁思忖：此时意大利是否正值良辰，对一位新君主有利？当前是否存在某种机缘，能给一位睿智有德的君主提供机会，使他有机会为自己获取荣耀，同时也给本国人民带来好秩序？在我看来，这么多事情同时出现无疑有利于新君主，简直再也找不出比现在更合适的机会了。

正如我所说过的，以色列人必须经受埃及人的奴役，才能彰显摩西的能力；波斯人必须经受米堤亚人的压迫，才能发现居鲁士精神的伟大；雅典人必须分散流离，才能显示忒修斯的才能。那么，在当代，为了证明一位意大利豪杰的能力，意大利必须沦落到它目前所处的这种绝境，它必须比希伯来人遭受更悲惨的奴役，比波斯人遭受更严重的压迫，比雅典人更加离散，没有首领，没有秩序，被打击，被掠夺，被分裂，被蹂躏，而且经历了种种破坏。

尽管我们最近在某个人身上看到了一丝希望，我们以为他是上帝派来解救我们的，但是后来，他在事业鼎盛时却被命运抛弃了。于是，意大利依旧死气沉沉，它在等待一个人来治愈它的创伤，制止发生在伦巴第的蹂躏和掠夺行为，处理发生在那不勒斯王国和托斯卡纳的欺诈和苛捐杂税，修复它经年以来的创伤。我们看到它是怎样祈求上帝派遣使者，把它从罪恶和野蛮凌辱中解救出来。我们还看到，只要有人振臂一呼，意大利就会应者云集。

当前，除了在你的显赫王室中，再也找不出另外一个值得寄予更大希望的人了。这个王室具有能力和运气，深受上帝和教会的青睐，并得以成为教会的领袖[1]，能成为救赎的统帅。这件事情并不困难，假如你能想一想我所提到过的那些人物的行动和生平。尽管那些人卓越不凡，但他们毕竟也是凡人，而且他们中任何一人当时所得到的机会并不比现在所提供的机会多，因为他们所从事的事业并不比现在的事更正

---

1 这个被马基雅维利寄予厚望的人，即本段提到的"你"，是朱利亚诺·德·美第奇（Giuliano de' Medici，1478—1534），是洛伦佐的侄子，由洛伦佐抚养长大。1513年，被洛伦佐的儿子、他的堂兄利奥十世任命为枢机主教。1523年，利奥十世病故，朱利亚诺被推举为教皇，即克莱孟七世。

义、更容易，上帝也不会对他们比对你更友好。

伟大的正义是属于我们的，因为"对于不发动战争就会走向穷途末路的人们，战争是正义的；当除了拿起武器别无希望时，武器是神圣的"[1]。我们有最伟大的意愿。在这个有伟大的意志的地方，如果你愿意借鉴我指引给你的那些人的做法，就不会存在难以克服的困难。除此之外，上帝已经以其绝无仅有的方式向我们昭示神迹：海水被分开，云彩指路，岩石涌出泉水，神赐食物吗哪[2]。每一件事情都有助于成就你的伟大，剩下的应该由你来完成。上帝不会把所有的事情都做完，因为这样才不会夺走我们的自由意志以及应属于我们的荣光。

如果上面提到的那些意大利人，至今没有谁能够完成我们指望君主来完成的任务，这不足为怪。在意大利发生了如此频繁的革命，发生了如此多的战役，似乎军人美德已经枯竭，发生这些事是由于旧制度不好，而我们之间没有人知道如何找到好制度。对于一个新即位的君主，再也没有什么比确立新的法律和新的制度更能给他带来荣誉了。这些法律和

---

1 原文为拉丁文，马基雅维利引自李维的《罗马史》第九卷，第1节。
2 这几件神迹，发生在摩西带领以色列人出埃及、前往迦南地的过程中。"吗哪"（Manna）是一种食物，以色列人四十年旷野漂泊饥渴难解时，吗哪从天而降，味道甘甜，外观小巧，如白色的珍珠。

制度如果有良好的根基，并且被赋予权威，就会为君主赢得人民的敬重和赞美，而且现在意大利并不缺少以任何形式将这些事情付诸实践的机会。

现在的人们四肢健壮，但头脑简单。仔细看看那些决斗和肉搏战中，意大利人在力量、敏捷度和技巧上是多么优异啊！但是一提到军队，他们就不堪一击了，这完全是由于军队统帅能力不足，因为那些高明的人不服从指挥，并且每一个人都自视高明，至今还没任何人能凭借能力或运气而令他人折服。结果，在过去二十多年如此多的战役中，只要军队全部由意大利人组成，就总会失败。人们最早目睹的是塔罗战役，随后是亚历山德里亚、卡普阿、热那亚、维拉、博洛尼亚和梅斯特里等各个战役[1]。

因此，如果你的显赫家族决定效法那些曾经挽救了他们国家的杰出人物，最首要的事情就是拥有一支自己的军队，作为每一项事业的坚实基础，因为再也没有谁能比你的军队更忠诚、更真诚、更优秀。他们每个人都很优秀，如果他们发现自己正由君主亲自指挥，并受到君主的器重和隆重款待，他们会团结一心，表现得更好。因此，必须筹建一支这

---

[1] 塔罗战役发生于1495年，亚历山德里亚战役发生于1499年，卡普阿战役发生于1501年，热那亚战役发生于1507年，维拉战役发生于1509年，博洛尼亚战役发生于1511年，梅斯特里战役发生于1513年。

样的军队，你才能够调动意大利的勇气来抵御外敌。

虽然，人们认为瑞士步兵和西班牙步兵是坚不可摧的，然而，他们各有自己的弱点，因此，人们不仅可以利用第三种类型的步兵来对抗他们，还可以完全打败他们。因为西班牙人抵御不了骑兵，而瑞士人害怕与和自己同样顽强的步兵近距离相遇。因此，正如我们已经看到并且仍会看到的那样，西班牙人抵御不了法国骑兵，而瑞士人被西班牙步兵消灭。虽然后一件事的结果到目前还没有完全显现出来，但是拉韦纳战役（1511年4月）中已经显示了某些证据：当西班牙人与采用瑞士人同样战术的德国军队相遇的时候，西班牙人凭借着敏捷的身手和盾牌的保护，潜入德国人的长矛之下，避开危险并且展开进攻，而德国人却呆立无助。如果不是因为西班牙人受到骑兵袭击，他们肯定早把德国人消灭殆尽了。因此，如果清楚了这两支步兵的弱点，我们就有可能创建一支新型步兵，它既能击退骑兵，又不怕步兵。要做到这一点，并不需要新创一种军事制度，只要在旧制度上加以变化就够了，而这一类的进步会给新君主带来声望和权力。

因此，请勿错失良机，因为意大利在长期等待后终于看到它的拯救者了。难以表达那种爱：在那些备受外国践踏的地方，人们怀着对洗刷国耻的渴望，抱着多么坚定的信念，满怀赤诚，饱含热泪，来迎接这位拯救者！如此一来，有哪扇门会向他关闭？有谁会拒绝服从他？怎样的嫉妒会反对他？有哪个意大利人会拒绝臣服？对我们所有人而言，野蛮的统治已臭不可闻。因此，您显赫的家族应怀着正义事业的勇气和希望，来担当起这个重任，使我们的国家在它的权威下重新闪耀，在它的支持下，我们可以证实诗人彼特拉克[1]的诗句：

> 反暴虐的力量，将拿起枪，
> 战斗不会很长！
> 因为古人的勇气，
> 在意大利人的心中至今没有消亡。

---

[1] 1304—1374，意大利爱国诗人。他曾和但丁宣称，一个共同的意大利是她所有儿女最崇高的奋斗目标。

译名对照表

（依据中文译名按拼音顺序排列）

阿尔巴　Alba
阿尔贝里戈·达·科尼奥　Alberigo da Conio
阿尔比努斯　Albinus
阿加托克利斯　Agathocles
阿喀琉斯　Achilles
阿奎莱亚　Aquileia
阿拉贡国王 King of Aragon
阿斯卡尼奥　Ascanio
埃及　Egypt
埃及人　Egyptian
埃拉伽巴路斯　Heliogabalus
埃帕米农达　Epaminondas
埃托利亚人　Aetolian
爱奥尼亚　Ionia
安条克　Antiochus
安托尼努斯·卡拉卡拉　Antoninus Caracalla
奥尔西尼家族　the Orsini
奥利维罗托·达·费尔莫　Oliverotto da Fermo
巴尔托洛梅奥·达·贝尔加莫　Bartolomeo da Bergamo
巴廖尼家族　the Baglioni
半人半马的喀戎　Centaur Chiron
保罗·维泰利　Paolo Vitelli（Paolo 又作 Pagolo）
保罗大人　Signor Paolo

本蒂沃利　Bentivoglio

比萨　Pisa

比萨人　Pisan

彼特拉克　Petrarca

波斯人　Persian

勃艮第　Burgundy

博洛尼亚　Bologna

博洛尼亚战役　battle of Bologna

布拉齐奥　Braccio

布列塔尼　Brittany

查理八世　Charles VIII

查理七世　Charles VII

大流士　Darius

大卫　David

德国　Germany

德国人　German

狄多　Dido

底比斯　Thebes

底比斯人　Theban

法比乌斯·马克西姆斯　Fabius Maximus

法恩扎　Faenza

法国　Kingdom of France

法国国王　King of France

法国人　French

菲利士人　Philistine

菲利波公爵　Duke of Filippo

菲洛皮门　Philopoemen

腓力　Philip

斐迪南　Ferdinand

非洲　Africa

费拉拉公爵　Duke of Ferrara

费尔莫　Fermo

费尔莫城　city of Fermo

佛罗伦萨　Florence

佛罗伦萨人　Florentine

弗朗切斯科·斯福尔扎　Francesco Sforza

福尔利　Forli

福尔利伯爵夫人　Lady of Forli / Countess of Forli

哥特人　Goths

歌利亚　Goliath

格拉基　Gracchi

圭多·乌巴尔多　Guido Ubaldo

哈米尔卡　Hamilcar

汉尼拔　Hannibal

赫勒斯滂　Hellespont

吉罗拉莫·萨伏那洛拉　Girolamo Savonarola

吉罗拉莫伯爵　Count Girolamo

加埃塔　Gaeta

加斯科涅　Gascony

迦太基　Carthage

迦太基人　Carthaginian

教皇利奥　Pope Leo

《旧约全书》　*Old Testament*

居鲁士　Cyrus

君士坦丁堡　Constantinople

卡尔米纽奥拉　Carmignuola

卡拉瓦焦　Caravaggio

卡梅里诺　Camerino

卡普阿　Capua

卡普阿战役　battle of Capua

卡斯蒂利亚　Castile

卡斯特洛市　Città di Castello

恺撒　Caesar

坎尼斯基家族　the Canneschi

康茂德　Commodus

科隆纳　Colonna

科隆内西家族　the Colonnesi

拉韦纳　Ravenna

雷米罗·德·奥尔科　Remirro de Orco（又作 Ramiro d'Orco）

里米尼　Rimini

卢卡　Lucca

卢卡人　Lucchese

卢卡神父　Fra Luca

鲁昂　Rouen

路易十二　Louis XII

路易十一　Louis the Eleventh

伦巴第　Lombardy

罗伯托·达·圣·塞韦里诺　Roberto da San Severino

罗马　Rome

罗马帝国　Roman Empire

罗马涅　Romagna

罗马人　Roman

罗慕路斯　Romulus

洛多维科·斯福尔扎　Ludovico Sforza

洛克里人　Locrians

洛伦佐·德·美第奇　Lorenzo De' Medici

马焦内　Magione

马可　Marcus／马可·奥勒留　Marcus Aurelius
马克里努斯　Macrinus
马克西米利安　Maximilian
马克西米努斯　Maximinus
马其顿人　Macedonian
马其顿王国　the kingdom of Macedonia
曼图亚侯爵　Marquess of Mantua
梅塞尔·安东尼奥·达·韦纳弗罗　Messer Antonio da Venafro
梅塞尔·安尼巴莱·本蒂沃利　Messer Annibale Bentivoglio
梅塞尔·贝尔纳博　Messer Bernabo
梅塞尔·尼科罗·维泰利　Messer Nicclò Vitelli
梅塞尔·乔万尼·本蒂沃利　Messer Giovanni Bentivoglio
梅斯特里战役　battle of Mestri
米堤亚人　Medes
米兰公国　Milan
米兰公爵　Duke of Milan
米兰人　Milanese
摩尔人　Moors
摩西　Moses
那不勒斯王国　Naples
纳比斯　Nabis
南特　Nantes
尼格尔　Niger
努曼西亚　Numantia（西班牙语为 Numancia）
诺曼底　Normandy
乔万娜二世　Giovanna II
潘多尔福·佩特鲁奇　Pandolfo Petrucci
佩蒂纳克斯　Pertinax
佩鲁贾　Perugia

佩萨罗　Pesaro

皮蒂利亚诺伯爵　Count of Pitigliano

皮洛士　Pyrrhos（又作 Pyrrhus）

皮斯托亚　Pistoia

皮翁比诺　Piombino

乔万尼·阿库托　Giovanni Acuto

乔万尼·福利亚尼　Giovanni Fogliani

乔治·斯卡利　Giorgio Scali

切萨雷·博尔贾　Cesare Borgia ／瓦伦蒂诺公爵　Duke of Valentino

切塞纳　Cesena

热那亚战役　battle of Genoa

瑞士人　Switzer

塞维鲁　Severus

色雷斯　Thrace

色诺芬　Xenophon

圣·乔治　San Giorgio

斯巴达　Sparta

斯巴达人　Spartan

斯拉沃尼亚　Slavonia

苏丹　Soldan

苏丹王国　the kingdom of the Soldan

所罗王　Saul

塔罗战役　battle of Taro

忒修斯　Theseus

提图斯·昆克修斯　Titus Quinctius

土耳其国王　the Turk

托斯卡纳　Tuscany

托斯卡纳语　Tuscan

威尼斯人　Venetian

维拉战役　battle of Vaila

维吉尔　Virgil

维泰利家族　the Vitelli

维泰罗佐　Vitellozzo

乌尔比诺　Urbino

乌尔比诺公爵　Duke of Urbino

西班牙人　Spaniard

西班牙王国　Spain

西庇阿　Scipio

西克斯图斯　Sixtus

西尼加利亚　Sinigaglia

西西里人　Sicilian

希伯来人　Hebrews

希腊　Greece

希耶罗　Hiero

锡耶纳　Siena

锡耶纳人　Sienese

叙拉古（又作锡拉库萨、锡拉库扎）　Syracuse

叙拉古人　Syracusan

雅典　Athens

雅典人　Athenian

亚该亚人　Achaeans

亚历山大　Alexander

亚历山大大帝　Alexander the Great

亚历山大六世　Alexander the Sixth

亚历山德里亚战役　battle of Allesandria

亚洲帝国　the Empire of Asia

伊莫拉　Imola

以色列人　Israel

意大利　Italy
意大利人　Italian
尤利安努斯　Julianus
尤利乌斯二世　Julius II ／圣·皮得罗·阿德·温库拉　San Pietro ad Vincula

马基雅维利的生活与时代

尼科洛·马基雅维利像,桑蒂·迪·提托绘,来源为维基共享资源

马基雅维利以微笑面对一切的生活态度甚至比他的政治思想还要深刻。(语出《尼科洛的微笑:马基雅维利传》)

美第奇与佛罗伦萨

1469年5月3日,马基雅维利出生在佛罗伦萨一个没落贵族家庭,他是家中次子。他的父亲一生为债务所累,所以用马基雅维利自己的话说,他"出身贫寒,而且……很小的时候就学会了节俭而不是随心所欲"。虽然如此,他的父母却深受文艺复兴的影响,非常重视对孩子的人文教育。所以可以说,他是在一个充满书籍、故事和歌曲的忙碌而快乐的家庭环境里迈出了人生的第一步。马基雅维利大约七岁入学,到十二三岁时已能用拉丁文写作。他年幼时所阅读的关于罗马共和国政制的相关文献以及西塞罗、李维等人的古典思想,对他后来的从政经历和政治学观点有很深的影响。

此时的意大利虽然在文学、美术等领域取得了举世瞩目的成绩,但政治体制还处于封建割据的状态,大公们为疆土问题长期互相征伐,而佛罗伦萨是其中最强大的一个。美第奇家族作为当时欧洲最富有、最有权势的家族之一,不断通过金钱和联姻,扩大自己在政治和宗教上的影响,并大规模地资助艺术和学术,达·芬奇、米开朗琪罗、拉斐尔都曾受其恩惠。

就在马基雅维利出生的同一年，被誉为"豪华者"的洛伦佐·德·美第奇成了佛罗伦萨的统治者，随之而来的就是文化的极度繁荣与政治的持续动荡：美第奇家族遭刺杀，教皇与佛罗伦萨交恶，法国大举入侵，接着美第奇家族被驱逐出佛罗伦萨，修士萨伏那洛拉一度掌权但又很快被处决，最后佛罗伦萨共和国成立。

从政十四年，意气风发

1498年5月28日，默默无闻的马基雅维利被提名担任第二秘书团中的秘书，负责监督国防和外交事务。虽然当时的马基雅维利毫无政治经验，但佛罗伦萨的动荡早已让他深谙政治的残酷。起初马基雅维利成年累月出使在外，他的任务既不容易也不安逸。他要去拒绝军队加付军饷的要求，同时维持他们对佛罗伦萨有用的盟友关系；他要去劝说同盟共同用武力夺回比萨；他要在战败后游说法国国王，以最大程度减轻战败的严重后果；作为一个身无分文的小国公使，他敢于公然教训枢机主教；面对极其精于权谋的瓦伦蒂诺公爵，他能够从对方最微末的表情和不经意的措辞变化中捕捉事情的真相，戳穿权力的假面。出使时，他凭借自己杰出的表达才能，自始至终，不卑不亢。与此同时，他也得以了解不同王国宫廷的运作方式，看到派系斗争如何不利于国家统治，不断加深自己作为政治研究者的洞见。他的政治智慧也使他获得了佛罗伦萨当权者索德里尼的信任。

在马基雅维利的这段政治生涯中，他最重要的政治观察就是，一个国家一定要有自己的国民军队，不能依靠雇佣军。当时意大利内部的各个国家普遍依靠雇佣军，因为君主和贵族害怕把人民武装起来后，他们会掉转枪口推翻自己。但是马基雅维利坚定地认为，雇佣军既费钱，又危险。因为他们完全是为了钱打仗，对任何雇主都没有忠诚可言。一旦到了危急关头，他们要么坐地起价，敲诈勒索；要么一触即溃，被对手轻易打败。就算打了胜仗，也不见得是好事，雇佣兵的统帅很可能会拥兵自重，直接推翻雇主，自立为王。后来在《君主论》里，马基雅维利甚至不无夸张地提出：没有哪个国家看别国的脸色生存，还能享有真正的安全保障。

在当权者索德里尼的倾力支持下，军队得以顺利组建，由马基雅维利亲自征兵并负责训练。于马基雅维利而言，这支国民军标志着意大利军事复兴的开始。1509年6月4日，佛罗伦萨用自己的军队打败了比萨，马基雅维利作为代表接受了比萨的投降。这一刻堪称他政治生涯的巅峰，佛罗伦萨人民欣喜若狂，赞美他这个"国民军之父"的贡献。夺回比萨仅六个月，当喝彩和赞扬之声渐次消散，针对马基雅维利的敌意开始浮现。佛罗伦萨咒他倒霉的人是多么多，愿意出手相救的人是多么少。

与此同时，一场更可怕的风暴即将来临。教皇联合威尼斯、西班牙、英国、神圣罗马帝国等，试图一举清除法国在意大利的一切势力，作为法国盟友的佛罗伦萨在如此强大的联盟面前，注定走向覆灭。索德里尼被迫退位，共和政府被解散，美第奇家族重掌政权。马基雅维利的厄运随之降临。

逆境八年，醉心写作

1512年11月7日，作为索德里尼的亲信，马基雅维利被解除一切政治职务。随之消失的还有佛罗伦萨自由的共和政体与费尽心血组建的国民军。事实上，马基雅维利对自己岌岌可危的仕途心里有数，他试图向美第奇家族投诚，但于事无补。更不幸的是，马基雅维利被卷入了一场反美第奇家族的阴谋案。他在狱中受尽酷刑，但他拒绝向肉体的痛苦屈服而出卖自己的清白。他的坚持没有白费，因为美第奇家族中有人当选为教皇而大权在握，他们实施恩赦，马基雅维利就此逃过一劫。出狱后，他曾如此描述这段经历："我曾经是那么勇敢地忍受它们，我为此感到自豪，我认为自己比自己想象的还要像个男人。"

仕途就此中断，马基雅维利苦闷至极，最终搬回乡下。乡村生活单调且乏味。他的一天从与伐木工人的讨价还价开始，然后是家里的粗糙饭食，酒馆里赌钱的争吵和刺激。夜幕降临，当他脱下沾满尘土的工作服，换上朝服，整理仪容，坐在书桌旁时，属于马基雅维利的生活才真正开始。在这里他可以尽情地跟古代政治伟人们交谈与辩论，写信给友人针砭时弊，伟大的《君主论》也由此诞生。马基雅维利在这本小册子中凝集了自己阅读古人著作的思考和处理政务时总结出的政治智慧，他希望这本书可以帮助统治者在最短时间内了解政治的要义。他计划把这本书献给美第奇家族的统治者，为他们建言献策的同时，给自己迎来回归政坛的机会。事实上，他的期望又一次落空了。

在这段时间里，马基雅维利还写了另外两部政治著作，分别是《战争的技艺》和《论李维》。《战争的技艺》有时候也翻译成《兵法》，它系统地讨论了马基雅维利对国民军队的看法，包括组织、训练、战术、武器、后勤保障等，是文艺复兴时期讨论战争问题最重要的著作。不过相比于《战争的技艺》，《论李维》才是马基雅维利真正的心血之作。在这部著作里，马基雅维利借罗马历史学家李维的《罗马史》，详细讨论了自己的政治思想，篇幅差不多是《君主论》的四倍。把《君主论》和《论李维》这两部著作放在一起，给读者出了一个巨大的难题，因为马基雅维利在这两本书的前言里都宣称，他把毕生所学写进了这两本书，它们也都提供了关于人们如何从事政治的教导。但《君主论》明显是一部关于君主政体的书，马基雅维利在书里不遗余力地教导君主如何保住自己的统治，如何扩大自己的领土，其中臭名昭著的教导就是，君主要把善与恶、狮子的强力与狐狸的狡诈结合起来。但是在《论李维》一书中，马基雅维利又把共和政体和自由看作政治生活最重要的价值，认为那才是一个国家走向强大最重要的原因。更惊人的是，《论李维》全书最长的一章，标题是"论阴谋"，专门讨论如何用阴谋推翻君主，马基雅维利几乎是事无巨细地讨论了实施阴谋需要的各种准备工作和注意事项。于是人们就很想知道，马基雅维利本人的政治立场到底是什么？他拥护君主制还是共和制？这也成了一个著名的"马基雅维利之谜"，从这两部著作出版直到今天，引发了无数的争论。

最后七年，为国鞠躬尽瘁

1519年5月4日，洛伦佐死了，佛罗伦萨的控制权交给了美第奇枢机主教，一股政治新风再次吹进佛罗伦萨。在朋友的帮助下，马基雅维利被委派撰写佛罗伦萨史。幸运女神终于再次叩响马基雅维利的命运大门。他也许将凭借这一职务与过去伟大的人文主义者并列。他于1520年的冬天开始写作，1525年初完成。这期间，他拒绝过高薪的贵族顾问工作，偶尔被委派出使外地，也曾两次为当局进谏良策。撰写史书的难点就在于如何在说实话的同时不得罪当局。为此，马基雅维利展现出了他高超的写作技巧。例如，他不能公开说出当局以何种方式和何种手段积聚了如此强大的权力，便让敌人说出这些话。

此时的马基雅维利已是暮年，他的脸上印着太多的苦痛，他的身体因经受了太多煎熬而弯曲。但岌岌可危的意大利即将遭受神圣罗马帝国的入侵。马基雅维利临危受命，被授予"城防官"的职位，承担起挽救佛罗伦萨甚至意大利命运的重任。他为此斗志昂扬，因为他终于有机会为祖国做点有用的事情——一些具体的而不是书本知识方面的事情。他生命的最后几个月就这样完全投入政治和战争之中：他积极向君主和军队将领建言献策；他四处检阅军队，视察他们的食宿情况，检查和设计防御工事；他试图训练军队，呼唤一个自由、独立的意大利。他说："我满脑子都是城墙，其他什么也装不进去。"他对祖国的爱比以往任何时刻都强烈。最终，意大利没能躲过"罗马之劫"的惨祸，美第奇家族被再次驱逐。可悲的是，重建的佛罗伦萨共和国，这个他梦想中的完美政府，也再次抛弃了马基雅维利。他曾经痛苦地看到自己欲将意大利从奴役中解救出来的努力付诸东流，然后又眼睁睁地看着自己再次被排斥在宫墙之外，这次排挤他的人不是美第奇家族的成员，而是一个共和政府。这个任命彻底击垮了马基雅维利，他一病不起，仅仅11天之后就告别了人世。

马基雅维利从未因为自己对祖国和人民投入过分的爱而后悔，也从未对自己的苦难命运而有过怨恨。他用微笑回应人生的苦难，使自己不被悲痛、侮辱和忧郁压倒，使人们和命运女神无法因看到他哭泣而获得残酷的满足感。他的微笑承载的是他对自由和公民平等的执着，是对这个千姿百态的世界、对他的祖国无尽的赤诚与热爱。

策划编辑整理汇编

欢迎您从《君主论：专家伴读版》走进读客三个圈经典社科文库

亲爱的读者，感谢您选择读客三个圈经典社科文库。

文库收录政治学、心理学、社会学等社科领域名家名著，汇聚人类文明进程中的重大议题——

▽ 马基雅维利《君主论》：道德和政治之间有什么关系？
▽ 罗素《婚姻与爱情》：婚姻一定是爱情的坟墓吗？
▽ 弗雷泽《金枝》：人类的思维是如何发展和进化的？
▽ 弗洛伊德《梦的解析》：我们做的梦有什么含义？
▽ 阿德勒《自卑与超越》：自卑怎么办？
…………

针对经典社科啃不动、读不懂等问题，推出三个圈专家伴读版！

文库里的每一本书，都会邀请知名专家学者，定制专家伴读，解析创作背景、厘清重要概念、勘误过时观点，伴您从头读到尾！

我们的封面统一使用"三个圈"的设计，读者可以凭借封面上清晰明了的"三个圈"找到我们，探索那些曾经改变人类文明的伟大思想。

啃透社科经典，就读三个圈专家伴读版！

推荐阅读
读客三颗钻人类思想文库

001《我们内心的冲突》

[美]卡伦·霍妮 著　过忻毅 译
◇ 知名心理咨询师李松蔚　万字导读
◇ 精神科医师李孟潮　全书伴读
陷入负面情绪出不来，现在就读《我们内心的冲突》！

002《自我与本我（专家伴读版）》

[奥]西格蒙德·弗洛伊德 著　徐说 译（直译无删）
◇ 精神科医师李孟潮　万字导读＋全书伴读
习惯性否定自己的人，其实是自我与本我在冲突

003《荣格自传：我的梦与潜意识（专家伴读版）》

[瑞士]卡尔·古斯塔夫·荣格 著　徐说 译（全译无删）
◇ 精神科医师李孟潮　万字导读＋全书伴读
现代心理学奠基人荣格带你**洞察梦背后的潜意识**！

004《技术可复制时代的艺术作品（专家伴读版）》

[德]瓦尔特·本雅明 著　杨俊杰 译（全新直译）
◇ 本雅明研究学者　专业导读＋全书伴读
所谓**AI毁灭艺术**，不过是百年前的老调重弹！

005《理解人性（专家伴读版）》

［奥］阿尔弗雷德·阿德勒 著　　尤琪 译（首度德文直译）
◇ 心理学专家李波　万字导读
◇ 阿德勒研究者霍丹青　全书伴读
经典心理学识人术，**3招看透人心**！

006《社会契约论（专家伴读版）》

［法］让-雅克·卢梭 著　　钟书峰 译
◇ 卢梭研究者黄璇　万字导读＋全书伴读
个人利益与公共利益哪个更重要？《社会契约论》带你理清！

007《性心理学（专家伴读版）》

［英］哈夫洛克·霭理士 著　　潘光旦 译
◇ 性学研究专家郑丽军　万字导读＋全书伴读
曾经我也一谈到性就羞耻，直到《性心理学》给我**大方谈性**的勇气！

008《论人类不平等的起源和基础（专家伴读版）》

［法］让-雅克·卢梭 著　　高修娟　房珂珂 译
◇ 卢梭研究专家苑举正　万字导读＋全书伴读
人类的一切不平等，都是**文明进步的代价**！

激发个人成长

多年以来,千千万万有经验的读者,都会定期查看熊猫君家的最新书目,挑选满足自己成长需求的新书。

读客图书以"激发个人成长"为使命,在以下三个方面为您精选优质图书:

1. 精神成长
熊猫君家精彩绝伦的小说文库和人文类图书,帮助你成为永远充满梦想、勇气和爱的人!

2. 知识结构成长
熊猫君家的历史类、社科类图书,帮助你了解从宇宙诞生、文明演变直至今日世界之形成的方方面面。

3. 工作技能成长
熊猫君家的经管类、家教类图书,指引你更好地工作、更有效率地生活,减少人生中的烦恼。

每一本读客图书都轻松好读,精彩绝伦,充满无穷阅读乐趣!

认准读客熊猫

读客所有图书,在书脊、腰封、封底和前后勒口都有"**读客熊猫**"标志。

两步帮你快速找到读客图书

1. 找读客熊猫

2. 找黑白格子

马上扫二维码,关注**"熊猫君"**

和千万读者一起成长吧!